東亞民俗學稀見文獻彙編
第一輯

禦睡錄

禦睡錄　閱清齋主人
村談解頤　姜希孟 著
禦眠楯　宋世琳 著
續禦眠楯　成汝學 著

韓國漢籍民俗叢書

第九冊

禦睡錄

序

精選三千篇을 三百十五篇으로 删擇하신 孔子께서 國風을 陞遷하야 鄭衛之風을 删除치않으신바는 그時代의 國風民俗을 그대로살리기爲하심인것이다。 이鄭衛之篇이야말로 先生이、學徒에 게 敎授할때에 意味解釋은 充分히 일너줄수없을만한 猥說이多在하였음에 不拘하고 三百十五篇으로 删削치는속에 들었지않었는가。 이로因하야 幾千年後 우리로서 그時代의 習俗을如實히 纖細瞭解케되었다。 이것이 民俗의한貴重한資料가되는바다。 鄭衛之風이라든지 破睡、樂眠、禦睡等種類가 何代無之며 何處不存이랴 우리鄕土에도 口傳或鈔寫本으로 相當數의 種類가있다。 이內容이 猥談으로만볼것이아니라 우리의 漢字術語라든지、 一切 生活裡面이 잘 發現되어있는것이다。 然이나 우리와 손으로는 刊行치못하고 彼日政府時代에 自上至下로 無所不爲하던 權力으로 野談隨筆、僞造니하야 우리의 그것을 歪曲하고 侮蔑的으로 저의意思를 加味하야 日本文으로 編解出板하야 出世할제 잘못된言辭와 歪曲한文句가 있을지라드 抗議한者ㅣ 뉘있었으랴。 原文그대로래도 우리손으로 印出하야 幾介의 同好人이 分讀코자하였오나 此等書物이發禁되는時는 出版法違反等許多한 罪目으로 當場 鐵椎가나리는데야 뉘 當할者있으며 異民族인 彼에게 同情을求할餘裕가 있었으랴。 잘못된 日譯이나마도 그를通하야 購讀케될時에 此等書物에 前歷이有한者는 살잘못을 解釋할수있었으나 初讀者로야 잘못된그것을 是認하였던것이다。

、今玆이책을 上梓함에際하야 幾十年間 書册에從事하는 동안 各部門에關한書籍을 하도많이 만지는中 此等 書册도 種種過限의 期會를得하야 書架에挾留하였던者로서 本意가上梓할 意思로부터였던것은아니였으나 이 內容이 破睡、禦眠、覺睡에 局限될뿐아니라 民俗資料로도 一瞥에 値가되기로印刷에附케되는바 今此 閑淸齋禦睡錄의 原本을 紹介코자한다。

原作 序文에依하면 作者는 水原의牧官으로 本文四三페지中 烏賊負鰒條中「余往一處則主人丈適出與其子侄同坐、酬酢之際、適流水館道人、李中樞來參其座」李中樞는英祖二十一年生 李寅文으로畵員、官僉使、壽七十七인즉 中樞의 官職에至하기까지에는 正祖末葉으로 純祖中葉時代일것인즉 西紀一七七六年부터 一七九〇年으로 推定한다면 一百五十餘年으로 一百四十餘年前間의 入일것이다。이밖에 이册九六페지 李丈詩句條中 婦翁復軒公云云이든지 一一五페지 俟虎立題條中驪良은 作者의 幼子인듯하며 其外에도 二三處可考할듯한 句節이있으나 作者의姓名을考證할바가 없으므로 後日로미루고 今此稿本도 原著本이아니오 印札紙에轉寫本으로 誤書가많은中에도 元文의文體가 不健實한處이많으나 本作을損傷치않기爲하야 改撰치않고 上梓하는바이다。

西紀一九四七年三月八日

宋申用

閒清齋禦睡新話序

閒清齋者、水原收官之政堂扁額也、會夫閒清之意、槪取於官閒政簡庭無簿書之勞、而有山海之瑰瑋清媚、排牕達几、供觀者閒也、古語曰江山無主、閒者爲主、斯語得之矣、乘其閒隙、飽而必睡、醉而必睡、然則何時而不睡也哉、余欲圖不睡之術、而無得焉、壬申之元月、再從叔理元甫、來訪焉、余問曰吾嘗作俚語古談之可爲勸懲者、將欲禦睡之方、叔能隨我所呼而記之耶、理元甫曰吾雖筆鈍、豈畏君之所呼也、余應曰然則可禦余之午睡、而幷禦叔之睡焉、何必如是而已哉、將使後之老者病者、玩之而必禦其睡也、此可謂推己及人之一事則豈不爲恕字之一道也、叔唉曰君之可慮者、目前禦睡之而已、猶不可當及於宗人、何況遠慮乎後之老病者乎、余唉而謝焉、遂日日乘閒、草其野語古談及己所經歷之事，而記之名曰閱清齋䆿囈新話，後之玩者，莫笑吾文之荒，而可羨乎滑官之閒矣夫。

目次

目次

假稱鎭基

洪家寡婦取婿、多智、有力、能文者、三人、使之往推奴婢、收貢于醴泉矣、奴輩誘入渠村之深谷密室、一幷結縛懸於樑上、磨刀其前、將欲殺之、蒼卒之間、力無所措、三人被懸、面色如土、文者懸在樑上、噫、噓長吁、二人曰今吾三人、命在頃刻、奚暇於吁耶、其人曰吾初欲圖生、假稱寡婦之女婿、藏蹤秘跡、而終不免死、豈非天數耶、是以吁之、智者應曰吾倩死則一也、身不受刑戮、家妻稺子俱免坐律、亦可幸也、然可歎項羽之爲呂馬童德也、奴輩怪問其故、智者紿曰彼人、乃亡命罪人黃鎭基也、吾兩人、亦是與彼干連者也、一自亡命之後、不使人知我行色矣、今則死旣迫頭、諱之何益、惟願諸君、速速下手焉、諸人出門相議曰近聞朝家、揭榜坊曲、有捉納鎭基者、施以重賞云云、今若捉納此三人于官家啓達朝廷、則吾之發邊金玉貫子、猶屬後欵、一鎭邊將唾手可得、吾輩本以寒微之人、家財稍贍、而又得功名、則不是天與妙機會耶、衆議僉同、遂解三人、而緊緊綁縛、使健壯者數人、押向官門而去、俄有一人後來、聞得其事、大驚曰、吾輩居于此地、着冠讀書、自稱兩班、如此數三世則名宦亦可不難矣、而今欲貪於通嘉善僉萬戶之名、而納此三人于官、則吾之根本、綻露於三人口招之中矣、奈何、莫如還爲捉來、殺之於此處、以滅其口好矣、遂使人追及之、追者相逢於官門近處、更欲捉去則有力者、反身使氣、自解其縛、亂打追者、入告其由于官庭、本倅即招三人、使之探實、則能文者、以書供之曰、生等三人、俱是洛中士人洪某之女婿、洪家厚多奴婢、在於安城利川醴泉等地者、洽滿千口也、妻父生時擇其可使者、而使喚、其餘、或有收貢、而資用矣、妻父死後、貢物、無一漢來納之事、故、生等贅入其門之後、妻母使生等、往去奴輩居處、責其闕貢之罪、兼收貢錢以來、故、生等三三人同行、而俱以年少未經事之書生、不知衆寡強弱之難敵、但恃兩班咆哮號令之爲勝事矣、豈意奴屬之如此頑悖也、初有五六人漢來、而以酒醉樣肆惡矣、又有數十力夫、并持薦索椎棒、高聲大叱曰汝以奴號、敢厄兩班耶云、故、生等不知力夫之有此詭計、還乞來救矣、及其來也、此又凶賊也、伴作挽止之狀指東打西、生之同行一人、雖自稱有力、勢無奈何也、三人無數被打緊緊見縛、懸之樑上、放火磨刀、命迫瞬息、生等計出死中求生、假作矣於涕淚之中、變姓名自稱亡命罪人鎮甚、而以做奴輩之捉納官府矣、今幸到此嚴明慈恤之案下、伏願得生恥雪之也、本倅覽畢、大怒、即發吏

捕捉其凶奴輩、一一訊問後、其首唱則杖殺之、其餘隨從、幷論律有差、盡收貢錢、使給三人而送之、

照律項羽

有一律學教授之子、受學于隣師、讀史略、至項羽弑義帝於江東之句、告其師曰惜哉、羽也、可以照律也、曰否曰殺、而書弑字、此乃千古大照律也、蓋蟹之雛、生而能鑷人也、

失鷹立旨

一文士、爲古阜郡守、刑房衙前、持所志、欲告而有躕躇之狀、郡守奪而自見之則有曰道應得罷脊豕黃走東子水文得食甚難今方出行云

云、郡守再三周覽、難曉其意、適座首入來、郡守示之曰座首能知此否座首思量良久曰似是鷹立旨、所志、而想多誤書矣、蓋道廳者逃鷹也、靑豕黃走者、即靑嘴黃足也、東子水文者、陳字水紋也、大抵山峽村民、以鷹獵爲業者、多而或未及馴熟之前、出獵失鷹、而爲他人所得則其得之者、恐見失、故有此立旨也、如此後則本主聞某人、得某樣鷹來推、而其新得者、雖又見失、本主不能更來索價故也、郡守咲曰吾以文科邑宰、不能曉民俗義、可歎云云

爲礪磨刀

有客宿于店幕、幕主夫妻幷臥傍房、夫戲妻曰吾終日勞役之餘不顧腰痛、而爲此事者、非欲自好也、爲君爲之、對曰磨刀於礪者、反稱爲礪、

而磨可乎、夫曰用針搔耳者、欲救耳癢耶、抑可曰爲針搔之耶、可與爲的對。

誤書題主

一商客、行止于一村家則主人、方設大祥祭云、而似有待人之意、商客問其故、主人曰吾家大祥之日、而例造神主、而所乏者題主官也、百里之外、有善寫者故、使人請之矣、至今不來、是以爲悶、言之則商客曰吾路知書字、君須勿慮、主人大喜、饋以美饌、即進筆硯、賈洗手跪坐、問其職則曰吾先人嘗着玉貫子矣、又問君之兄弟中、何者爲伯耶、曰兄弟中我爲其首而名伯同也、其次則名以二同、至五同、賈曰傍題則只書長男、其餘四同名字、吾不欲聞也、遂以細楷、題曰顯考通政大夫府君神位、又書其傍曰孝子伯同奉祀、五員主人、滿門諸客、莫不致謝、更進酒盃之際、廳外忽聞喧譁聲、諸人出見邀入則乃善寫金生員者云、伯同出告曰生員未及下處故、適逢他客、題主矣、伏願生員主、入察其善書與否云則其生員者、勃然大怒曰題主之事、汝家大事、何不待經事善寫兩班手段、輕用何許常漢之輩、以汚神主之面也、遂入見良久曰爾父、以白首老人、而死則顯老二字、猶可近似也、至於道攻大夭等說何意也、又有伯同之名、何事也、一人神主、添書二人之名、可乎、遂召諸婦面面以俗談解、而語之曰伯同死耶、汝家之祭、當爲伯同設耶、彼行商常漢、貪於酒盃之饋、誤汝大事、當殺之使不得更往他處之祭可也衆人欲從其言、商客不勝悶然出語金生員曰吾之有何誤字誤書耶金生員者曰大體、都非也、字畫何愛也、大抵鄉村題主之法、莫如臥病人事絕、嗟君萬里行、十字而已也、此則不侈不儉、通用于老少喪事者、臥病而人事既絕則雖未賫言其致、不復其生可知、無論天堂地獄、既作黃泉之行則萬里二字、亦豈不深奧而有味耶、且京大夫家則祭物豐備、雖舉其孫曾孫、而餠食可也、至於鄉村數器之饌、若使其生伯同、接口則其將有餘乎、諸人諸婦、咸可其言、莫不稱善、金生員見其衆意大聲咆喝、即使五漢主人、及諸婦諸客、無數亂打、買漢已喫、數杯濁酒、還流口角、雖自言無罪、無人救護矣、適有一人出言曰此人誤人大事、必有常律、當告官受刑而不可私門傷人、遂押去官家、金生員者八逢曰小生曾寫人之題主、于今三十餘年、其數不知幾百家、而曾未見頭老等說云云、賈漢泣告曰小人生長于京城、多見人家事而已、雖未嘗以題主書役爲業然、偶到某漢家、聞其主人之臨時狼狽、問其官職後、書之如此矣、後來所謂金生者、元是目不識丁者也、以奪其功於人、怨結中心、移怒於小人、無數亂打、如許云、遂說不侈不儉、臥病人事絕等語、使小人以至此境云云則本官聞而大唉、問金生前日所往諸家題主事、一一詳査後、金生決杖數百、即召面任洞掌輩、曉諭諸里、金生所書題主、使之盡改分付則諸村民人、來集官門、細聞是說、莫不痛迫揮淚、爭邀商賈漢、以爲改題、禮幣雲集、牛馬擬門、其布帛租石、將擬數千

立字題辭

村民之年老寡婦、有呈訴願得穀草以蓋屋者、余以數同草、題給矣、隣居士人崔生者、在傍曰胡不題以一立字、余問其意、崔曰古有守令、題坐石所志、請得所志曰立、蓋論語之三十而立之立字也、三十立、題給

之辭也云

巡使反櫬

一巡察使將擬巡窆於道內大村之後村氏莫不悶憂惕於威勢不敢開口而日相聚於深僻處共議曰巡相若入葬此處則我大村自至敗洞吾輩數百人裹粮上京以天聽可乎等狀於備局乎如此紛紜之際[illegible]賣酒老嫗聞知此事乃大笑曰諸君正欲禁葬則至易之事何可如是用慮乎請各出一兩錢以給老身則吾當以死禁葬矣衆人皆曰若不能禁之則何爲婆曰諸君遂殺我亦無怨矣村民五六百人各出一兩錢給之殆近數千兩矣老婆使人詳探巡葬擇日預備一壺酒一首雞坐待於路邊及其監司上山之際老婆合掌俯伏曰小女乃故地官

某人之妻也即聞使道主求得大地方行緬禮云故略備酒肴以獻賀耳前導下人禁逐監司聞地師之妻說招問曰汝何以知此處爲好耶老婆曰小女之夫生時常語妾曰入葬此地其子當代必爲王侯云故妾老而不妄其言每過此處瞻望空山而已今者使道主能知而得此用之豈不壯哉眞所謂福人逢吉地是以來賀而小妾適有晚生一子伏願日後有收用之道耶監司聞之大驚使人掩防老婆之口而送之遂破緬禮云

知之何用

一人性喜通奸婢屬因事委送婢夫漢于數十里外則厥漢亦知得其殊常機微乃雇人替送而自隱於渠房矣至夜深後主人已知婢夫出

他故、無慮潛入婢房則只有一人臥睡之聲、欣慾聳動、跪坐衾下、以手輕捲衾、擧佩兩脚、緊摟摟抱其腰則主客四脚之間、兩箇龜頭突然相觸、蒼黃之間、無飾辭、乃曰汝之物何其大耶、婢夫曰婢夫之陽物大小、兩班知之何用、主人憮然退去。

白餅沈菜

有一私婢、美色之女、而其夫亦皆不日日來宿、主家之子、少年任意私焉、而其隱諱者、即渠之兩親及妻、一日與妻同衙、乘其妻之睡熟、暗出直向行廊、其妻睡覺知之、暗暗從後、窓穴窺之則婢拒之曰書房主、何捨如白圓餅阿只氏、而區區來臨陋地耶、少年曰阿只氏如餅則吾知汝爲山芥沈菜也、以飮食言之、食餅之後、沈菜不可不喫、遂接口、求歡、雲雨方濃、其妻旋還、如前臥宿、少年意料其妻、不見郎君風景矣、翌日、夫妻侍側時、少年咳嗽猝發、掩口向壁曰、日來吾有此病、可恠云云、則其妻應曰無他、日日多喫山芥沈菜之故、少年之翁、聞之曰從何處山芥沈菜出之、汝獨喫耶、少年含羞掩口而出矣。

認網爲絲

一鄉老、進拜于宰相家、宰相問其年齒後問曰君居鄉村、別無職賦、善養元氣、則筋力、與洛中人必有倍勝之道、且眼昏、近復如何、鄉老、曰遐鄉愚夫、隨得過食、又無醫藥、豈可與節食服藥、調理脾胃、京士大夫同然哉、且眼昏已久、而所謂眼鏡者、鄉村玩之者稀矣、宰相憐之、遂出給眼鏡、而送之、厥老大喜、雖未知適眼與否、自以爲得重寶、自出南門外、空然掛眼、進入關誇、仍言其所得處、眞所謂大有光色於村閭者也、一日隣家、有行婚事者、那老自掛眼鏡、往于其家、座中諸人、競相取玩、莫不欣羨焉、主家昨夜、新蒸甑餅、而甑本網席、掛於籬邊、翁着眼鏡望見曰眼鏡之力、甚大矣、彼籬邊蜘蛛之絲、大如繩索一般云、聞者大笑、

襪小難着

有一常漢之妻、造襪子、以給其夫、夫欲着之、而小難容足、乃擲舌大責、曰汝之才質、可謂奇怪也、當窄之物、濶不可堪用、可大之物、小難容足也、其妻應口對曰君之物、亦能具美耶、欲長大之物、小而不大、不當大之足、日就月長耶、聞者絕倒。

主人行房

叔侄同行、而年紀相若、止宿于旅舘、舘主夫妻、在隔壁房、夜深行事、達夜濃暢、客侄適未成睡、聞得其聲、手搖其叔則叔睡深熟未醒、翌日潛語於叔曰小侄、昨夜、見如此之狀矣、叔曰何不搖我睡覺、與之共見耶、侄曰以手累搖、而叔主不覺、奈何、其叔咄咄長嘆、約曰今日留此、期欲見之、今夕則吾銘心不寐以待之、稱病仍留、以待日暮矣、夜已深而主人之淫事、終無動靜、客叔暫時合眼、未及睡濃、隔壁有解裙之聲、其侄以手搖之則其叔似夢非夢中、大喜高聲應曰主漢厥事、果能始之耶、主人大驚、陰心縮之、不復爲之、兩日空留、終未見主漢之行樂光景、徒費烟價而已也。烟價…旅費、食代

僧止兩願

一僧徒、飽聞京城之勝景、苞持松杞餅、萑蘋佐飯之屬、上自南門、向東巡行、而向西還、到社稷後、則日已曛黑、樓鍾臨迫矣、元無知面、投宿之處、又恸巡羅被捉之患、隱身於一宰相家廊後烟桶之間、將欲待漏發行矣、夜深三更、萬籟俱寂、廊漢語其婦曰、吾兩人厥事、夜夜爲之虛費精血、終不得生產之事、極甚可惟、此必是不祝願而爲之致、自今爲始、從所願、各盡其誠、口祝而爲之、似好云、則女曰諾、女即問其夫曰、郎君之所願、生得何許之子女也、夫曰、吾則多生好風身、多智畧、健壯男兒、長得厚料布、衙門使役、多聚多錢、平生之欽羨者也、仍問女曰、娘之所願、果如何、女曰、多生有十分姿色、伶俐女子、長作多錢財、無舅姑家主婦、用錢如水、以及吾家則所願、可謂足矣、仍即求歡之際。夫漢大擇厥物、捕手厥穴、而更取手巾拭手、敬祝曰成造都監、神靈前、大馬驅從造成之願、色掌斯從、造成之願、行首使令。造成之願、引陪使令、造成之願、庫直房直造成之願、旗手牢子、造成之願、旗摠隊摠、造成之願、自此隨願、造成造成、女逐口作對、祝曰三神点指、帝釋前隨廳侍女、点指至願、善針閣氏点指至願、傳喝婢子、点指至願、饌色娮娥、点指至願、阿只乳母、点指至願、毛塵粉𥂕、抹襪下、点指至願、醫女巫女、点指至願、首母中媒、点指至願、一受陽精、隨願点指也、僧濕慾、穿穴而窺之則濃暢之狀、不忍見之、僧之下物、撑動、火慾大作、以手撫弄厥物、而祝曰南無阿彌陀佛、佛前引導和尚、出生至願、法鼓和尚、出生至願、鉢鑼和尚、出生至願、誦經和尚出生至願、大師首僧、出生至願、摠攝僧將、出生至願、祭此鰥僧、獨生男、奈此鰥僧、獨生女、阿彌陀佛、無可奈何觀音菩薩、無可奈可阿難迦葉、一席因緣、生男生女、吾不聞知、房中施主兩位夫妻、陰陽配合、可有所祝、而門外客僧、上下禿頭、既無佳偶、無可奈何、如是之際、窓破裂、不覺禿頭之入房、房中祝願之聲、驚息焉。

餅粥破家

先賢敎子、誡婦之訓、不是千百其條、不可以後生之愚見愚聞、有所追論於其間、然余嘗以耳目記聞、有所經歷者焉、無父之人、或有成就者無母之兒、多有悖惡之類、何者、母訓至密而至細、其子飲食出入之際、不得不相逢、近侍政如朋友磨礪之工、而莫勝於嚴故、其愚子之順暴奉行也、易而然也、丈夫之飲酒、先儒之所戒、而飲酒之家、未嘗盡數敗家婦人之喫餅所未及論而吾東之朝夕一器豆粥兼喫二箇絕餅之婦未有不執瓢丐乞者何酒之用雖日用百錢醉則醉而醒之則不能如此也餅粥之用不過數葉文而長迷不能自振故也大抵以人之疾病而喻之飮者之醉時如癘疾之惡症而其醒也則正似病差之後也士者可以讀也農者可以耕也工商者可以爲其本業也嗜餅婦耄長迷不振猶微恙者之平生吟呻而未見少愈之時者也何時而收拾精神看護家事也是以終至於敗亡也余嘗說此事於座上有睇目疾示者焉

米租焉用

一蒼生騎馬作秋收之行其奴於路上告其主曰我飢難步請饋一盃

酒、生曰囊中錢、上典媽媽、分排於我、有定數、不可濫用、汝著飢渴則當、吮吾臂也、奴怒氣大發、叱馬回程、連策不已、馬耳生風、生手執馬鬣、恐其落傷、欲下不得、只以戰慄之聲、僅僅出言曰、別監別監、胡爲還程耶、奴曰今此打作之本意、莫非救飢之計也、奴飢吮主臂、主飢吮奴臂、饑飢之物、自在脚下、米租豆太、收來無用、是以回馬、生哀乞曰我失言、汝勿怒也、假使我吮汝臂、室內媽媽則何以饒飢也、緊用需米、從何辨得哉、奴終喫濁酒一盃後、勉强從往、略收租石而歸、生入見其妻、密言其事後、出宿外舍矣、翌明、妻呼頑奴、舉理叱責曰生員主、天性柔順故、家內奴屬、未嘗稱種治罪、然汝何敢爲此言、如此之言、如此之行於路上耶、奴伏伏稱罪、遂出外掃庭、望見生員、睇目奮拳曰向者路事、媽媽知之、可訶可訶、無可馬之駒、入告耶、鬼神之雛、入告耶、生大怯出、負手徐

行于廳上、向壁獨語曰、吾自兒時、未嘗傳人之語也、連聲不已、其不出於此可知矣、

霹靂有雄

一年少夫妻、同臥房內、天雨大作、雷聲震動、夜黑如漆、電光似燭、夫問曰醬瓮何以爲之耶、妻曰未及盖之、夫曰君當速出見之、妻曰吾性本畏雷、郎須替我出見、兩人互相推托、而簷雨如注、妻不得已、戰戰强起、出房欲進醬臺之際、賊漢適隱於廳下、已聞其相爭之說、預持陶盆直投於主婦之前、厥女驚倒、氣塞、賊漢則劫奸而去、其夫怪妻之久不入來、出往抱來、移時方甦、其妻暗問霹靂神、有雌雄耶、夫曰何以問之、妻含羞言曰、俄者霹靂神、來犯我身、我魂飛魄散、無異死身、雖不省人事、追

後思量則、必似與郎同枕之樣矣、其夫曰吾若出來、必不免震死矣、雷公何有顏私、而赦而去之云。

單袴猶惜

一村漢、夜戲妻曰今夜厥事、必數十次爲之、則君以何物、報勞耶、女曰若然則吾有細木一疋、藏之久矣、明春必製十七行縩緋袴、以謝矣、夫曰若不失期則當作十七次矣、女曰諾、夫即擧事、而乃一進一退、爲數計之曰一次二次、女曰此何爲一次二次乎、如是則賦破木單袴猶可惜耳、夫曰然則何以爲之謂一次耶、女曰初則緩緩進退、使厥物徧遊戶中、撫上磨下、左衝右突、九退九進、深納花心、如此數百次抽後、兩人心柔肢軟、聲在喉、而難發、目欲視、而難開之境者、方可謂一次、彼此淨洗後、更復始作、爲二次耳、如是爭詰之際、適隣居盜鷄漢、竊聽男女之酬酢、而久矣、遽然大呼曰善哉、嫂氏之言也、汝之所謂一次、嫂之所言是也、吾則隣居某也、而某某數三親舊、將欲買鷄、爲夜會酒肴矣、汝家數鷄借之則後日、必以價報矣、其男未及答言之前、其婦曰明官決訟、如是至公、公厥鷄首、何可愛惜、價則勿報也。

入厩妄發

一朝士之子、乘其父兄出入、往于隣家、約以投牋之戲、携友三四人、歸到其家、願見馬厩、而向友揮手曰家親若有之、此等雜技、不可爲之、其友戲曰彼馬厩、乃君之大舍廊耶、聞者嘲之、蓋主人父、騎馬出他則少年指馬厩、有無、乃言其親出入之說、亦非異事也。

產婆還驚

中國有產婆、概多有經歷、能知產候、故臨產邀致救治者、亦是例也、一產婆往診產家時、一蕩子見其美容、歸得空堂、盛具障簇屏風、以幬其室、蕩子裸身臥於衾裡、庭設藥罐、使婢子伴煎、苒歸之鬮、而送轎迎產婆來、婆直入房內、披開屏障、納手衾中、遍撫孕母自上腹按而至下、則腹部別無高大、婆訝之、再三摸上下、至陰門近處則厥物大撑、仰指臍而臥、產婆大驚趨出、婢子戲問曰吾家娘娘、何時解娩耶、婆曰孩兒之頭先出、爲順產、足先出、爲逆產手先出、爲橫產、而此兒則臂先出、今始初見之中、况有臂大、過於渠祖之頭、猝難順產云矣

金吾體大

一卿宰、爲執金吾、賀客滿門、其夫人喜之、待其夫入內、潛語其夫曰官職高大則身體亦從而對大耶、金吾泛聽之、乃曰語云幸相體重、豈不然哉、其妻不勝欣喜矣、其後金吾入去內房、與夫人同枕、方作擧事、其妻勃然大怒曰相公、向言官職、高大則身體、亦復大之云、今夜試之、小無一分之大、何耶、金吾對曰吾身體之大、吾之親舊知之、吾厥物大小、賤妾雖可以知之、夫人曰吾旣不知、賤妾何以知之、金吾曰夫人之言、差矣、其妻從夫職依法典事、金吾之官、旣高則夫人之職、亦隨而大焉、吾凸旣大、夫人之凹、亦大矣、賤妾則無其夫官職故厥穴、亦無隨大之事、是故金吾之下物則可知體大矣、夫人撫然不能更言矣云、

馬上松茸

士人騎馬作行、臨水欲渡之際、川邊多浣紗村婦、士人適過僧、戲問曰汝能識字耶、作一句詩可也、僧曰小僧無識、不能作詩、士者先呼曰溪邊紅蛤開、遂促之曰汝速以對句、製之也、僧曰生員主之詩、旣是肉物、山人不敢對、伏乞以蔬饌、爲對或可恕耶、生曰何妨、僧攝衣先渡越邊而呼曰馬上松茸動、可謂的對。

聾聽隨意

宰相出入時、有犯路者、例先捉給路傍民家、而追後捉去、諜治也、捉付閭家、名曰止家矣、一宰相之下隸、捉越路者、止家一閭家、厥家、卽豆粥賣婆所居也、老婆暗受賂物、放送犯路人、而獨坐矣、小頃、下隸來問曰止家罪人、何去、老嫗佯聾曰客人、有饑買粥喫也、隸高聲問曰止家人、何以送之耶、嫗曰此家、元無男子池哥姓、吾不知也、下隸不得已捉其嫗、來告于執事廳、執事問曰汝何敢放送罪人耶、老嫗曰小妾、年八十矣、又曰汝何替說而答耶、嫗曰賣粥爲生耳、問東答西、婚言與對、不可接語、執事怒棍其隸、曰許多民家、何無止家處、而擇其耳聾、年老女人家耶、慫拜放送矣、老嫗方出之際、人曰老媽媽何使無罪之人、被棍耶、嫗曰年少者之數介被棍、何難之有哉、被棍下隸、張目視曰媽之耳、極爲異常異常、俄何聾而今、何明耶、婆緩步而顧曰吾之耳如靈芝明而可聾之時聾、可明之時明也、聾明間、爾何有是非耶、見者憎之、

囊錢落在

一士人往于市場則隣居民人適實在子而來逢着士人問安曰生員主何往耶玩景爲計而別無所幹民奉杯酒而進之仍曰既無往處則小人別有所看事去處往還間看守此在子袋而待小人還來同行如何士許之曰然則能有酒乎民曰諾即自腰間解佩四五兩錢同入於在袋中緊裏置之生前復以數三盃酒價給之而去還來開袋取錢見之則有縮爲一兩有餘民驚駭曰俄者入袋時錢爲幾兩錢今無幾兩錢可恠可恠生員勃然大怒曰如許獰漢何可如是發說耶兩班變汝之故看守汝橐則汝感之德之可矣反作如是使兩班歸之於盜之境哉如此不義凶漢不可尋常置之詬辱兩班者罪有當律吾將告官矣

遂拽厥漢而向官家之際路逢常漢而說此則人皆避之曰彼漢可以過甚矣納謟而去若逢兩班而言之則莫不叱責常漢而去生員者益復勝勝自得拽履攘臂直到官庭說陳事實本倅大叱曰無知常漢之頑慢如此如汝之輩當嚴刑照律以爲懲勵遂着枷下獄以溫言慰士人曰近來名分解弛常漢若有錢兩則每多有如此之變吾當痛治君須勿憂勿憤遂問其姓貫何鄉京有至親有無即延之升軒勸以酒盃後密語通引持一張紙布于士人之前付耳語曰請解所佩囊子吾有可觀文書耳士人面色通紅跪告曰囊中實無文書城主搜之無益矣主倅儼然顧他不復更言通引等催如星火士人不得已解囊置于紙上倅正色而坐使通引倒打其囊則錢塊出之而錢葉之間荏子紛紛落紙計其錢數則不合所失之數故又搜其身則有新買數尺布藏

於袴中、推計布價、果合所失錢數也、倅大責曰雖未知君之地閥然、旣稱兩班、敢有如此之行乎、後勿如是可也、自官備充其錢、給送見失之民、士子掩鼻遁竄去。

二、牛人祠

一鄕士家、祀宇頹圮、一日語其友人曰吾貧不能修葺故、家舍多有毀破處、而所切悶也者、祀堂也、四五朔後、其友復來則所謂祀宇、礫然新修矣、其友見主人賀曰君家墻垣及祀宇、其間果得修補耶、主人曰墻垣則不用工匠、吾與奴丁輩、手自改築、而祀堂則二隻牛入之、聞者以妄發嘲之、蓋賣二隻牛、盡入其錢之謂也。

禁酒

禁督

甲子酒禁時、安城士人某姓者、爲其父壽辰、釀酒斗許、以供其父之故舊諸老、莫不快然、而皆有所待者曰趙生員百日來到、而尙今不來、不無少一之歎、語未了、趙者來之、諸客及主人之子、欣然迎接曰何其晩也、待之久矣、遂促出杯酒以進曰後來三杯、鄕飮常例、速酌速酌、趙正襟危坐、而顧責主人之子曰君、以兩班之子、朝家禁令之下、如是放恣無忌耶、諸君則共飮爲樂、吾則不敢爲如此事、遂拂手下堂、不顧而去、諸客謂主人曰趙之天性、似忠多猜、告官可慮、君須隨去哀乞邀來似好矣、主人之子隨而告之曰近聞京城婚喪賓禮、不禁小釀云故、適値家親生辰、釀此斗酒矣、尊丈若不共飮則吾家親、悵缺之心、果何如哉、趙舉理責之、萬端恐喝、遂言曰君家幾石落田、與我則吾當自今年耕、食矣、少年曰吾家所有者、只此物也、侍下人事捨此何爲、趙遂切齒豁拳而去、少年還說其事於諸老、諸客曰今日事、君爲親獻壽之宴也、而趙既飲則好矣、不飲則必告官矣、君莫如將酒缸、自現于官可也、主人之子如其言、將酒往向官門矣、逢官差於路上、偕入官庭、納生酒缸則趙已坐軒上矣、郡守分付曰汝於禁令之下何敢釀酒、既已釀、入官何意、少年告曰家有老親、不能出入、每有老客來、設博奕以消永日飲酒、而散歸、一自酒禁之後、諸老歸去時、以溫水代飲、而罷矣、適値家親生日而聞得京城宴筵、亦或釀酒云、故釀於此缸、以饋家父之諸友則諸莫不欣然、惟趙不飲而去、追而更邀則趙生以受賂之意、而討覓田土故、勢不得許給矣、趙之告官、生既預知矣、坐待官差之來則家親獻壽之宴反有貽憂之患故不告家親潛將酒缸自請受罪郡守佯怒曰汝既釀酒罪不容恕也遂決杖三度酒缸既納之官家亦不可浪飲既云汝家壽宴之日故特爲帖給也遂語趙生曰君不顧旧日相從顏私斷義割情以顯禁令可謂忠矣吾當以君差出禁都監官境內酒禁自今以後不可慮也趙固辭曰老物無力不能隨行郡守因呼吏房出差帖以給送之諸洞之民畏其趙生之肆毒無敢釀酒者趙生一不能捉納三日之後捉來趙生決杖十度又三日之後決杖三十度又三日之後四十度又三日之後加杖八十度一望之內合受三百餘杖云其守之處斷可謂能矣快也

痛臂以文

一人性好文字、一言一辭、未嘗以俚語釋音爲之、一日遇虎患、出告于隣里曰虎入家中、吾之丈人拕去、有銃劍者持銃劍而來、有鐵椎者、持鐵椎而來、達夜喧呼、人無應者、翌日呈訴于官、具陳隣民之不救、官家發差捉來隣民、詰之曰隣有虎患、而汝等不救、其罪當杖、民人等曰彼漢、平生、好用文字、昨夜、果有何喧呼之說、而小人等、無識之漢、未曉其義故也、官家聞之大怒、即杖其呈訴之漢、被杖漢、亦以文字語之曰痛矣臀也。

都事責妓

西關文官、爲本道都事、將赴任所時、路宿　驛、翌朝騎馬、而馬上搖動、不能堪坐、吸唱密告都事曰若不嚴治驛長漢則來頭座馬、亦復如是、集前惟從小人擧行則遠路行次平安爲之矣都事許之吸唱呼使令拿致該驛兵房及都長決杖分付曰別星行次座馬何出如此駑劣者乎此馬座上不便速速換他以納也驛漢果以駿驄換來都事暗自思則在前以擧子上京往來之時或貰或借馬俱四足則吾不敢擇而騎之矣今日駿駒平生初見也不多日行到道內則道內守令支供茶啖又送隨廳妓生現身則都事曾未見妓生耳問曰彼紅裙女人何事出來吸唱曰本府所送隨廳妓生也都事曰然則彼女人用於何吸唱曰行次與之同枕好矣都事曰己非女人必有其夫能無後患耶吸唱曰列邑之置妓接待使客者也其夫雖或有之不敢生怒也都事曰好也好也即呼之上堂之際密呼吸唱附耳語曰彼雖女人旣是下屬則呼之同座能無損體耶吸唱曰妓生升堂元是例事也宰相士夫多有與

妙同宿考則妓臥于廳下而身在堂上擧事何以爲之耶都事遂與之同座如鷄看狗如狗看鷄終不能出一言從容偸看則兩目相觸都事氣低首見他如是之際夜已三更矣妓先問曰進賜主曾有房外犯色耶都事答曰非但吾之家人長在家內雖暫時出門豈可從往行事於田野之間哉非敢言此也曾與他人妻同枕耶都事曰諺云我盜人妻人盜我妻吾何爲如此不正之事乎妓落膽不復與言坐於燈下以手撐腮而睡睡深仆地而臥鼻息屛屛蛾眉美妍粉臉⿰白畐⿰白畐櫻脣丹丹正使丈夫可以迷魂都事一顧二見火心自然煽動即起按摸正似飢鷹之捕雉也妓生驚起拂手曰行次行次是何事也都事曰汝其勿辭也吾之吸唱言內妓生是行客同枕之物也云云妓生聞此語不覺大笑都事曰汝亦好之耶遂按摸求歡擧事於燭下雲雨已罷都事如此淫

戲、平生初事、自不勝羞愧之心、紅暈上面、手足戰慄、草草行事、政似蜻蜓點水之忙也、妓見其舉措、自彼之未經事村夫也、若極淫態、以洽其興則當有別別解由矣、遂緊抱其腰、更爲舉事、口吮唇舌、又作篩搖、起箕、動之腰本、臀不着席、都事神散魂飛、乃中路經泄、長聲呼隷則下人等、待令於階下矣、都事分付曰妓生次知兵都長、星火捉來可也、吸唱曰驛有兵都長、而妓生次知首奴也、遂捉來首奴、大叱曰汝罪既送一妓、待令于行次所則當以腹上便安之妓、待令而今此妓生、左搖右動、非但腹上不便、亂吮唇舌者乎、命打執杖首奴、首奴、哀懇曰應馬則驛漢等次知則其駑劣、是兵都長不勤之罪、責小人則妓生次知故、觀其容貌、定隨廳以納而已、枕席間搖動惡症、何以知之、小人無罪無罪、行首妓生含咲以進曰小女、當以實情告之、馬上不便、出於馬四足之病也、妓生腰下之搖動名爲搖本、是則爲男子助與者、而實非病也、接口吮舌、正似春鳩相好之態、切非猛虎喫狗兒之意也、都事然之、下人等遂退出送、更設一局、妓不復一分動搖、都事始知搖本之爲助興、展次哀乞、妓如前搖本、都事方知好味、不勝喜歡、翌朝起坐、連打腦後曰、吾三十年行房、未見如此之切妙滋味也、吾之所謂室人、不知婦女之應行搖本、可歎不出之甚云矣。

青蓋入祠

一武人、於人座席語之曰、夜夢、吾家祀堂、青蓋兩入矣、人戲之曰青猪再入、能無放屎耶、概武人家壯元及第再出故云耳。（青蓋、曰傘）

文先挾糟

閭家有私屠者，禁隸隱身於隣家，伺其肉出入矣，主人亦先見其機微，往見都監炮手、白文先，相議曰，君能使我以免被捉之患，則當多用牛肉，以謝之，文先隨往，以油紙裹數升滓糟，緊封而挾之，出門外，左顧右視，逃走如矢，諸禁隸直趨及後，則文先，本是善步者，直出南門外，到盤松池，環走數巡，値得薄氷小路，越入島中，而足不見濕，諸禁隸，不能越入，住脚于池邊，恐喝咆哮，長呼出來，而文先，終不應聲，諸禁隸，濕足越去，艱辛捉得，搜見油紙所裹，則非肉，即滓糟也，諸漢曰，汝之所挾，既非肉，則何爲逃去至此，文先曰，果禁屠者耶，吾誤認，吾則知汝爲禁酒刑吏，逃走至此也，其間屠家牛肉，已盡移送他處，以免逢變，白文先行事皆如此也。

文先放糞

白文先嘗於鍾路街上糞急無可放處謂茵席商賈曰茵席廣濶者有之否賈曰有之文先曰此席捲而立地如屛相斂吾坐其中則吾之笠帽子可不觀於外耶賈曰然文先坐入其中佯若試之狀而又言曰取數寸杖與我則當作見樣矣賈如其言得給則文先受之良久起立謂茵賈曰此是中部字內耶西部字內耶賈曰是何言耶文先曰茵席賣買猶不可急君須速招部吏除去此物也俯見其中以數寸杖爲浴木放糞切痛見欺也。「浴木 밋씻개」

烏賊負鰒

余往一處、則主人丈、適出他、與其子侄、同坐酬酢之際、適流水館道人、李中樞來與參其座、手指笥皮團席、而言曰彼物、貌則甚雅、雖可愛然、不能堅固、易致破傷、是可欠也、余唉答曰天下、豈有盡善盡美之物耶、西果多子、鯽魚多骨、理之常也、令監則烏賊魚、無骨、而背負一箇全鰒、以後、可以謂好耶、一座大唉、翌又往其處則主人丈戲之曰君於言語、亦用草虫魚銓爲之云耶。

吾扉將顚

一倅、捉致打傷、夫面之女人、杖問其由則其女、所告內、渠夫、不顧正妻、惑於妓妾、破產家產故、小女不勝忿惋、說往說來相鬪之際、誤傷夫面云、倅怒叱曰陰不可抗陽、而汝何敢如是蔑法耶、即令嚴刑、其夫見之還切憐之、進伏庭曰小人傷面、果因小人家、門隻之顚到致傷、非被打於女人也、倅之夫人、適從窓隙聞得此事、乃曰其夫惑於妓妾、棄舊妻則其妻打夫、亦非異事、而所謂官長、如是誤決、可痛可痛、不勝忿鬱、不覺聲音之出外、倅聞之、即令刑吏、推出兩人曰若聽此訟、嚴治女人則吾之門隻、亦將倒矣、可畏也云。

愚兄久哭

人有兄弟、一愚一慧、遭其親喪、每往省楸、其弟則哭之盡哀、而其兄則蚩蚩無識、或追蝶逐蜻、有若稚兒之遊戲者、然其弟雖不敢言、心甚憫然矣、一日又偕往省墓、時値初夏、其兄哭之終日、哀哀不能止、其弟自意曰吾兄、曾不知哀慕矣、今則年齒益高、知覺稍長、哭之如此、罔極之中可添一端致誶之心也、遂先自拭淚、執兄手止之曰日將暮矣、路且尙遠、止哭似好矣、其兄嗚咽潸淚曰槐葉、如彼蓁蓁、一不能喫餅、豈不哀哉、其弟默默太息矣。

乙葬曲禮

一人、遭其父喪、其友往吊焉、仍問曰先府君、平日氣力强健矣、得何病而急死耶、答曰別無他症、呻吟數月、皮骨相連、而逝矣、客曰初終凡百、果無憾爲之耶、喪者曰罔極之中、幸過小殮而所患者、尸長棺短、是可悶措耳、客曰乙字、入棺何如、喪者曰、乙字樣入棺、此亦禮乎、客曰此非曲禮也云。

祝願行房

痘疹則人之兒時、一次經患之例事也、俗言傳曰痘疫、有神靈、或號西神、又稱戶口別星媽媽、家內老少、盡皆誠心淨身、隣里親戚雜人、不能出入病兒房中、設小床井華水、而名曰客主床、而或有所爲之事、輒手禱于床前、是爲俗例也、一廊漢之子、痘症方至收合之時、其夫談話其妻曰吾血氣方壯之年、夜事不可一日闕了矣、不得全廢、將過旬日此物堅動長立不屈、口乾心煩、火慾大發、今夜則不可虛也、女大驚搖手曰戶口媽媽、住接之處、焉敢妄生雜心乎、切勿更言、夫曰戶口媽媽無夫婦而不知厥事乎、別星必非男子媽媽、亦是婦人、何有不知之理吾必爲之而後已、不須更辭也、女曰然則君當洗手、更進井華水於床、而祝之後草草爲之可也、夫如其言、而祝之曰小人身俱入形、雖鑰匙食飯、何異於豚犬之屬耶、年少夫妻、久不同枕、不勝春情、玆敢仰告、伏乞垂察矜憐、特賜一席交歡之處分焉、合手再拜、適巡邏軍、過見其廊窓照火、窺而聽之則不勝絶倒、乃以喉間、微聲言之曰依願許施爲之爲之、廊漢大喜、戶口分付、以細聲長對答後、即舉事、猛作雲雨罷後、夫妻相議曰既以別星媽媽分付爲之則不可無謝、乃更洗手而謝曰依分付、好做一次、德澤山高海深、不勝感謝、巡軍又曰汝復爲之、廊漢又對而又爲之、又告謝、巡軍、又言曰又爲之、廊漢又對又爲之、如是五次、廊漢壯年氣力久阻之餘、一經五次之役、四肢俱痛、氣息喘喘、汗流遍身、勞困頗甚、謝禮別星姑捨、將欲洒風定神、推開路邊小窓則窓外有着戰笠、黑衣大漢、持杖立於月夜中、廊漢大驚曰汝是何許人、敢窺他人之房中耶、巡軍卒地、無言可答、乃曰吾奉承別星行次之分付、旋探汝輩所爲事、健否耳、汝更爲一次可也、廊漢曰吾雖死、不敢更爲之云、

捕卒見瞞

一捕卒妻、夜乘其夫出巡、與人私之、三更而後、其夫叩門、女囑暗其間夫、立於內門近處、欣然出迎其夫曰待之久矣、何以晚、 上典媽媽親戚兩班、昨夕臨鍾入來故、媽媽主、呼我曰招來汝夫、陪從客 使還本宅之意、屢次分付也、君來何遲耶、遂向內間呼之曰書房主、速出來也、捕卒手打腦後曰吾尚不接目、將欲假寐、豈意有此別別使喚哉、遂進拜客前、客整帶垂纓、長聲還責曰汝何不即來、卒仰對曰出去捕卒、豈

知客主之待哉、書房主所向之處、果是何洞耶、不得譏送也。

貿做新胎

余丙寅往統營時、有私婢名曰順月、受胎四五朔、余患瘧疾、縮找上洛、不復下去、追後聞之則順姣、已爲落胎云、又五六朔後、聞之則又受胎云、蓋取他人有娠者也、其時同僚秦君冴汝、取妓末順爲名者、秦友上洛之後、末順多受刑杖、守節逃來上京、秦君率畜焉、余謂秦君曰末順之節則可愛、而終貽憂於吾兒、不如順月之廉介、無憂於我也、凡受人器皿什物、而用之、厥氣見破則新備懲納、如是廉也、而順月既已受胎則不幸見落後、東西貿得、完得一胎而待我者、豈非廉耶、一座大笑。

止父妄談

一村翁、有九子、老而妄、每語其諸子曰汝輩英健壯數、而可長九州、老物、末年一爲天子則豈不快耶、速圖之、日日如是、諸子悶之恐爲隣里所聞、從容相議曰爲子欺親、其罪雖大、掩親過失、人子常理、家親之分外妄談、大有不安於民臣之道、吾輩當作詭計、使家親勿復更出如此妄談則爲好矣、遂計如許矣、一日諸子、邀入其父於後園、深僻處則帷帳床卓、及傘蓋已爲造置矣、坐其父於床上、諸子進皆曰小子等已得天下、家親當即帝位、以搗藥小臼、外塗黃金而一子敬進曰此是天子之冠也、翁喜而着之則項縮腰痛、不堪舒身、諸子諸孫、山呼萬歲、翁曰天子之冠果若如此則以吾氣力一刻難耐、況萬歲乎、朕當不久即崩、

遂脫冠擲地、而不須更言天子之事也、

願學富術

一愚夫、往見富人、願學致富之道、富人曰汝從容更來也、翌日、愚夫又往見則又如是矣、一日富人與愚夫、共登山至絕頂、使愚夫上松樹而垂其身、愚漢依其言、富人又曰汝放一臂而垂下焉、愚漢又依其言、富人又曰又放一手也、愚夫曰然非但落傷、致死可畏、何可放手哉、富人曰汝用一分錢、如惜此手之放也、爲致富之術、不過於此言而已也、

寧受笞杖

有一乞兒、冬天臥於街上、無罪戰慄、一老嫗見而憐之、招入房中矣、及

其夜深後、乞兒轉上媼腹上、媼叱曰汝何能如是無禮耶、吾當呈于刑曹、以治汝罪也、如是之際、乞兒頻頻進退則陰戸漸溫、媼心己動矣、乞兒答曰然則吾將拔而起矣、媼曰吾當呈于捕盜廳、乞兒答曰可謂進退惟谷、於斯之間、已成事也。

耈也速去

一村媼、與夫偕老、其夫先死則自夫沒之後、無日不哭、而常曰翁也、率我去率我去、如是成習、夜以繼晝者、數年矣、隔墻家好事少年漢、憎厭媼之所爲、一日夜黑沉沉、冷風颯颯之時、身着簑衣、手持雙杵、上坐于媼家屋上、手搗雙杵而長呼曰媼也、吾將率去、吾將率去、媼大驚曰耈也速去、翁也速去、速退即起而溺缸和炭、開柴扉頓足棄之曰耈也速退速去、更不如前、率去之哭也。

汝姓必呂

一士人滯雨崴暮、所謂暮娼、雖不敢來近、時時注目對面、士人招來接語、一日二日、弄假成眞、與之成事、則女之陰戶、大濶、生之厥物、太小、眞所謂渺滄海之一粟矣、生曰汝厥穴、此是南拔廊耶、女不知而不答、生退坐偶吟曰青山萬山一孤舟、娼曰小女無識、雖不知書意、南拔廊之數、此是洛中近處地名、則其窄其濶、吾未可知也、青山萬里一孤舟云者、果是何說耶、萬里青山者、天之所作也、一介孤舟、庸工之所作也、士人默然、良久問曰汝能善辨、能或記姓耶、娼曰古人云看竹、何須問主人生員主、但知小女以暮娼則己矣、問姓何爲、生子生女當書外祖名字、於秘封中耶、生又聞此語、雖惱、難氣、乃曰汝之上口、旣小、下戶只大、必是呂哥也。

能知納靴

一士人、於酒店、見一少婦之有容貌、問其所寢處、約以夜深相逢矣、少婦適以其姑所命、往宿於他處、而老嫗滅燭獨寢、生誤入嫗旁、舉脚蹲坐、則肌膚瘦瘠、陰戶紋縮、厥物不能善挿、生以兩手挽其厥穴之兩紋、銜之則嫗心甚快、以手叩生之背、而以落齒之聲、語之曰兩班子弟、能知納靴之法、生大驚退去也。

妓家褒貶

一村妓、在家接客、客之來者、無非一二次相昵之人也、一人先往在座之時、後來者連續、而適有二人、作伴入來、妓、潛語曰馬部將、禹別監、來矣、又有二人續入、妓曰呂哨官、崔書房、又來也、先坐者看諸四人、則或姓金、或李、而馬禹呂崔姓之人、一無來者、四人去後、問於主妓曰俄客姓字、汝果不知耶、妓曰皆吾所親之人矣、豈不知本姓之理、馬呂姓等說、以夜事褒貶之題、仍語曰某人體與腎俱大、可姓爲馬、某體小腎大可姓爲驢、某人一插趣泄、可姓爲牛、某人乍上乍下可姓爲崔、崔則雀也、先坐人曰我即當爲何題耶、妓曰既無實事、日日空來空還、許送歲序、當以許生員題之矣、可謂才妓。

人虱求山

一洪生者、有疾呻吟、求邀善爲古談、將擬消日矣。善說詼諧者、適來曰或子遭親喪、與地官求山、遍踏一人體之上、至於兩乳之間曰內外龍虎雖極分明、前高後低、不可用也、至于臍上曰沃野千里、必有當穴、而主山及龍虎、不得詳明、不可用也、至于腹下兩脚之間曰此是可用也、方書有云、土山之陰茂處、可爲政穴、而其下若鐵柄者、眞所謂百子千孫、萬歲香火之基也。或子喜之、方泛鐵裁穴之際、有一蛋哨官者、出來大叱曰敢有何漢、偸葬於士夫家、山所腦後耶、或子驚問其故、蛋指兩囊曰彼是洪生員兩班宅、親山雙墳也云。

終無入葬

一老客、隨太守往留冊室、夜深後、使小童招一妓來、抱臥至鷄鳴、厥物不起、妓曰小女陰戶、乃是生員宅舊山所乎、終夜拔尸、而上之下之、終無入葬耶、生員者赧然不能賣也。

油餅之味

一老嫗於深僻處、俯而採菜、適衿弊、陰門綻露矣、一總角漢、過而見之、厥物大撑、暫銜旋拔、而走則老嫗罵曰狗子也、汝是如我孫子輩相齒、而能侮我如是耶、總角曰吾疑鼠穴、以足蹴之則大指滑入矣、嫗憤怒曰吾雖老昏、豈不知荒子與厥物、大本嘯與馬腎莖耶、汝云足指則至今尙何有爛氣而添以懲愬、若油餅之味耶。

趙裨詠詩

趙姓裨將者、以將令行到一邑、則主倅以一妓名雲心、出送矣、趙本老矣、達夜、撫摩、終不能成事、妓不勝淫興、獨先泄精、趙撫然退臥而吟曰雲無心而出峀、鳥倦飛而知還、此亦絕倒也。

洪生餓死

昭義門外、有洪生員者、鰥居、有二女、而貧不能生、嘗乞食於燻造幕、諸役人處則役夫各收一匙飯、而給之、洪生以芥葉、裹飼其二女、一日生又來乞飯則役夫漢醉而辱之曰生員乃是燻造幕府君堂也、吾輩之上典子耶、緣何日日討食、生員含淚退去、遂入其門、過了五六日、門扉尙關、一役夫推扉入去、見之則生員與二女兒昏臥流淚而已、役夫憐而急出、買粥以進之、則洪生謂其十三歲長女曰汝等、欲喫此粥耶、吾三人艱辛忍飢此、有六日工夫、死將迫矣、可謂前工可惜、今食一器而彼人纔給則好矣、奈此後日辱、何哉、如是酬酢之際、末女五歲兒、旣喫粥矣、强起擧首、十三歲兒以手押而臥之曰可宿可宿、翌日役人等、更往見之則皆死也、聞者莫不流涕、況乎爛造幕役人之目覩者乎、言哉貧也、吾家常以窮貧爲至寃之事、而比之於洪、則無寃可也。

實姓呂耶

一貧士、手把笠帽口捕烟竹、欲向果川地、將臨西氷庫江邊、招工乘船之際、後有一隊行次、追到呼船、與之共乘、三員騎客、九名下人喧呼推逐、士人已坐之席、而其中年長者坐焉、士人小避退坐則又爲推之、更召二少年、左之右之、坐則士人不得已起立船中、兩足已濕、而無可坐處、士人問曰、意外相逢、欣幸無己、敢問尊姓、又問兩少年爲誰、客曰、吾姓呂、而兩人即吾之子也、士人曰、實姓呂氏耶、其長子聞之怒曰、汝是兩班耶、常漢耶、咆喝不可言之、士人曰、請君無作扶蘇之亂也、其二子大怒、欲打之、士人撫背曰、𠰍該𠰍該、勿尤我也、蓋胡亥之音、相似故也、聞者絕倒也。

相咲姓名

二人共止酒店、相通姓名、一曰、吾則方必正也、一曰、吾則洪汝廣也、二人皆掩鼻微咲、方先問曰、君何笑耶、洪曰、聞君姓名則三字、何無似圓之意耶、方曰、吾之所咲者、亦以君之姓名故也、何以但知四方之濶、而何無天高之義耶云矣。

開册兒眠

一婦生子、而孩兒日夜不寐、呼啼無已、其婦持一卷小說册、開列于兒前、其姑恠問其故則婦曰此兒之父、平日無睡時、若對此册則就睡耳、姑曰、其父則看得其文義之滋味故也、然孩兒豈好耶、俄然兒果眠焉、婦曰老人妄不知事理也云矣、

擧扇更高

一守令、凡百不敏、而但以倨傲爲事、其腦後之扇、令人可憎、乃爲衙屬老少之貽笑矣、一日年少衙前、乃曰吾使案前之腦後搖扇、猝下於顱下則諸君何以報謝、衆曰然則必辦酒肴以謝、年少衙前以其僚、入於

三門外，使之號見，卽匍匐而伏入于廳下，則倅長垂笠子貝纓，儼然整正，擧扇大開，自腦後至膝，徐徐・周遮曰，汝何入來。吏請辟左右，將告曰，假者破笠弊袍客，來乞作廳故，心甚怪異矣，今又行色，信若是京人者數人，牽驛馬及四五步從，似有所待，而躑躅五里程近處，小人忽見顏極殊常，敢此密稟也。倅大驚，面色如土，徐舒其扇三四貼，搖於頤下而言曰，此必是暗行御史也，汝何不趁時來告耶，汝速出更探也。仍坐不安席，起而復座，座而復起，吏之旋出之際，周廻廳上，不知幾許次，而搖扇之態，如星火。衙前出語其僚曰，吾之術果何如。衆曰，奇也，汝用何法，能案前搖扇，如前爲之耶，若然則酒肴比前爲倍。吏應答而卽忽忽輕步而入，則倅搖扇促召曰，有何所聞耶。對曰，假者乞客作伴，由大路而下，不知向何去耳。倅喜曰，何等御史，敢入吾境耶。卽高手擧扇，緩徐

如故、窺者大笑其倖之甚痴也

何呼盜漢

盜入人家、伏于廳下、主人已知之、以杖觸之則盜曰戲之過矣、恐傷我目耳、主人曰吾豈與盜漢爲戲耶、盜漢出奔曰吾是班族也、汝何不稱我盜賊兩班、而敢呼盜漢耶、吾旣不取汝物則吾則無罪、而汝則當有以常漢詬辱兩班之律也云。

擧脚兄出

少年輩、相會共說家外犯色之事、一人曰吾舍兄家童婢、頗有美色故招出外舍、方欲求歡擧脚則舍兄出故、不能成事云、聞者嘲之。

詭計捉盜

一婦夏夜坐于軒上、用車引絲之際、從軒隙俯見則一賊漢伏在軒下、婦以手打其無罪童婢、婢哭之、婦佯怒、使召他婢、持杖來撻、而他婢未及入來之時、又招諸奴、明炬設座、諸奴僕盡爲來待、而燈燭明煌、婦人大喝曰某婢罪大、當搏殺、急取舂杵長木之類、羅置階前之後、從容出令、使搜軒底、捉出賊漢、無數亂打而出送矣、

煖酒快歠

兩人履氷渡江之際、有一酒賈漢、負一大壺燒酒去矣、兩人請買一杯、酒賈曰無杯可酌、人曰汝以壺口、抵向吾口則吾當小飲而後、計數給

價矣、賈狐疑不許、行到氷畔、足足滑跌、倒大壺破碎、燒酒遍流、兩人、幸人不幸、揚揚自得、俯伏頓飲、而顧謂酒賈曰、俄者、許賣數三杯、豈不得還家路資耶、諺云一飽、亦財數、而可欠者冷也、酒賈、張目疾視曰吾煖酒而獲則汝可快於心耶。

賊宅盜來

一賊漢、夜入富民家、主人睡覺、賊踰墻隱避于一小茅屋之內、屋主夫妻同在房內、夫告妻曰東隣、犬吠之聲、小訖、而吾家人跡有之、可謂妻曰明日粮食既乏、亦揮杖一室、無物可捏、盜來何取而去耶、賊聞而憐之、出其所帶五兩錢、置于戶外去、明日主夫妻買得米餠、而數旬安飽矣、其後、粮食又絕則婦太息曰如此之時、一員盜賊主、又爲來臨則好

也云

佛本痲滓

一老嫗、懸鶉百結、戴桶汲水而去、見有閭家少婦、綾羅粧身、頭着長衣、率其婢子而過、嫗心甚猜惡之、放氣乎其婦之傍、則路上之人、面面相顧、嫗乃曰、少年娘子、何用放氣於白晝大道之邊耶、其婢子隨而辱之、嫗曰、汝何多言、俗談云、括佛本出痲滓、汝速與汝主以還、逐從間路走

深問翁睡

一老夫妻、同在一室、嫗則對燈調綿、翁則曲臥乍寐矣、嫗誤放氣、而恐夫之知、乃欲試之、佯作欠伸曰、翁乎宿耶、翁曰、呼焉何用、嫗曰、寂寂獨

臥故、憐而問之耳、翁曰憐我之聲矣、何其太不忍耶、嫗不覺赧然、滅燈隱身、不敢復言云、雖是村媼之事、旣以失禮爲恥、白髮朝暮之年、終無唐突、肆然之態、可嘉也

反奪盜橐

一禁旅、昨日受料一石之米、何在櫃內、而日用升子亦在其中、夜深後、賊入其家、開櫃偸米、老婦先知之、手搖其夫、附耳細告曰、賊來開櫃、速起逐之、翁起着衣服而坐、不趁出去、婦曰何不速出、如是緩緩也、翁曰彼漢之來、想必好矣否、將奪之以盛十斗之馬太、遂屈指計其升之聲、洽滿三十餘次後、大叫出去、盜漢未及還、獲其米、幷遺其橐、而去、翁燃燭見之、乃兩幅生布、以麻絲密密縫造者也、蓋恐人隨漏穀而知其家

故也、翁則預知三斗米槖之重、難挽去之致也、主客、俱有謀略矣、

索油呈訴

祀也、大歛之後、此處人心、倒傷、廉恥蔑如、陽城水原等地、谷洞學長與書、以給學童自稱烻燈書齋、而爲夜讀之資、而列名所志、來呈牧、余呼題曰鑿壁引光者、聚螢取影者、隨月上屋者、皆是勤於夜讀者、而未嘗索油於其時、刺史太守之門者、亦其何心哉、似或取無名之物然與、古之學者、非但口誦、而已將欲亦得力行之耳、諸童子能知之耶、官家非但燈油之絕之、欲使諸君、勸之以一廉字之故、不得許施、云云、遂出曆書、以給其兒矣、數三日後、又有一總角、年近三十者、面如漆黑、手如鼎蓋、足大滿尺、乃健實慓漢、而遂袖出乞油之狀、余問曰汝年幾何對曰

十八歲、又問曰所學者何書、對曰讀小學也、又問小學之卷數、合爲幾何、總角默然、移時、對曰吾之先生、初授初一卷故、再昨始學、吾何知卷數耶、蓋此童漢則聞得、日前呈訴見之得曆書之說、使人謄書其所志而來者也、余手題其狀曰爾年十八歲、始讀古者、八歲所學之書、汝家之十年、懸燈可知也、然青天白日、至公無私教是乙、曾未照臨於汝家耶、汝但知讀書、可於夜、而不知可於晝耶、觀汝眸子、紅脉相連、人爲嗖哉、昨醉未醒之中、又作十里之行役、則今雖得油、夕陽歸路、烏鵲挾翻之時、必當賣油而買酒矣、其果何益於夜讀哉、汝無益、吾無益之事、官家不當爲之、向事云矣、總角受其所志、以示諸吏曰官家題者、曆書耶、燈油耶、見者咲之

八　朔　戰　慄

一人有疾、避于郊外焉、其友三人、偕往見之、則病人寓所、只有一老婆、供其薪水、而更無他人、適値大雨、未能還歸、俱宿其寓所、深夜雷霆霹靂、不敢出門之時、病人死之、三人哀痛之後、共收其尸、又欲招魂、而雷震之聲、終不止息、二人共謂一人曰、吾儕中健壯多膽氣者、唯君一人、君爲亡人、上屋招魂如何、其人姓本激冲者也、聞得二人之衝動、自負膽大、忍恟出戶、臨屋欲上之際、四肢不覺戰慄之中、二人以亡人衣給之曰、君乃唐突、或有畏恟之心、何若是戰慄耶、其人曰、何許八朔之子、設此戰慄也、二人在下撑臂、使之上屋之際、雷霆復震、其人惶恟之中已忘、人之姓名、手執衣領、左右揮之曰、何許八朔之子、戰慄耶、戰慄耶云、

辭客逢辱

一漢鬚髯茂而難出、見者多醜之矣、有事出行、時冬天、欲將禦寒、入一酒店、叩其煖酒則店主小兒、見其髯茂、遮口笑曰客主買酒何用、客曰吾將飲矣、小兒曰雖欲飲而其無口何、客大怒執其髯披之曰此非口而何物耶、兒見其口而大異之曰然則越家金牙兵之妻、將必生產耶、耶此生產之說、此兒曾見金牙兵之妻、多陰毛而弊厥穴者故也、適有一老婆、杖打其兒曰汝父雖居鄉村、素稱多智多識、汝則從何出而如是愚蒙耶、客主之有口無口、於汝何關、況乎他家女子陰門之存不存、小兒何敢言說耶、馬鬣雖垂、眼孔自有於下、狗尾雖大、其肛門自在於中則多毛之下、豈可無孔耶、客初見主婆之打兒、心甚快之、及聞其末句二語、還不勝慚忿也

筆工毛糞

一蠢生、居家信任一奴、隨事相議、一日入謁祠堂則庭中有一堆狗糞而牛毛雜在其中、奴告主曰此糞決非等閑人之所放也、生曰果極怪異也、遂出外舍之後、招問于奴、奴曰此必是牛毛匠之所爲也、小人當捉來矣、生員主、莫顧隣居之私情、各別痛治則後無此弊矣、生然之、使奴捉來則奴徃毛工家、無數恐喝、多受賂物、而與之偕來、生大叱曰汝欲放糞則何處不可、而敢入班家祠堂、而放糞耶、使之無數提拽、毛衣匠曰生員主、緣何知爲小人所爲耶、生員曰糞中有毛、非汝而誰、毛匠告曰小人手裁毛物、而縫造爲衣、然豈有食之之理耶、奴在傍告曰彼漢之所告、似然也、生然之、奴遂放送毛工、而又密告曰必是筆工、所爲也、又使捉來則筆工之所告內、小人東筆之際、雖以黃毛暫時納口、豈有呑下、爲毛糞之理哉、生亦難辨、顧其奴則奴亦受賂於筆工也、奴曰似然也、遂出送箸工後、生謂奴曰然則厥糞、誰之所爲也、奴曰小人有可疑之端、惶恐不敢言也、生曰吾汝之間、何言敢諱耶、汝須言之、奴曰向日祭祠、用牛足炙、而不能精除其毛故也、生曰婢等之不能精除牛毛、必似然也、放糞爲誰、奴曰歆享祭祀、魂靈之所放也、生曰事或無恠也、遂手握其糞、埋于淨處也。

春前難出

洪風憲妻、多陰毛、冬夜、放溺于氷上、其毛與氷俱凍、欲起不得、一聲大叫、風憲驚起出往、低首噓氣、欲解其氷之際、洪之長髯、亦復與氷幷堅、洪亦起難得、而洪口與其妻陰門相向而俯伏矣、日已曉矣、適有金約正、來呼門外洪曰官事雖重、吾則解凍前、不得出入、君以此意、告于官家遷改我任也明春以後則雖差勸農吾當隨行矣云。

溺江必無

富家少年寡婦每與乳媼伴宿矣一日媼毋有病媼不得已往焉寡婦呼隣嫗請之曰媼旣出他獨宿甚畏請借貴家兒奴高道釗暫喂夕飯使之守直何如隣嫗許之即送高道釗此兒奴則年滿十八恐惷無知蠢之漢也來于寡家得食夕飯後臥宿堂上鼻息如雷而未經事純陽厥物撑起透出弊袴軒仰直立夜深寂寞年少寡婦見如此而不覺淫心動起暗脫奴袴而以陰戶帽而挿之進退極盡其興泄精而起還歛奴袴入房就宿而翌朝還送其奴矣乳媼夕又不來寡女又爲請借其奴則隣嫗即呼高道釗喩之曰後墻阿只氏宅多器皿多飲食多弊褸

汝今又往則好矣、高道劍曰器皿雖多、溺缸似必無矣、主媽責之曰如彼富家、溺缸何以無也、奴曰溺缸無故、作夜其阿只氏、手脫小人之袴、放溺于小人胷骺上矣、云則隣媽聽之、亦自羞慚、不敢更言也。

貸肉禱神

飛鳶、放屎于一人笠子上、其人大以爲不吉、直往肉肆、假借一猪頭、以禱神祠矣、而猪頭價、過二日未及還給、猪賈逢必促之、一日其人向猪賈言曰吾有相議事、君須聽之、賈從容進前則其人曰君卿以其猪、元來無頭、更勿索錢於我也、賈曰天下豈有無頭物耶、吾以重價買來、一大生猪而屠之、以進其頭於君、而吾失其錢可乎、其人無言退坐、良久更進執賈之手笑曰今有一言可罷者、爾須以鳶屎不放于我笠子而

放于汝笠、汝自爲祈禱之可也云

避婦出外

一村漢、得婦則有美色而子幼婦壯、過婚後擇日、率來時、其査頓、亦隨而來焉、諸隣設宴、迎新婦、所謂新郎在坐、宴席衆客之前、以指屈曲而指云彼女兒來之來之、日前以渠臂枕我而緊抱、以脚挾我而重壓、他之放溺物、達夜撫摩、或乘伏我之腹上、氣喘喘、息歇歇、使人不勝痾癢、何以來耶來耶。恐又捉我、卽走外而去、滿座盡其査赧然狀、皆默默無言也。

秋吏弄法

式年科時，鄉閑良一人，欲圖科，以五百金，給訓鍊奉事，約以中不中間，舉旗告箭矣，當日試所之令，中毆，不得措手，無以變通矣，翌日閑良來到門前，大怒責之，卽索所給之錢，奉事憫之，以溫言喩之曰紅牌得之則好而已，不須多言，及放榜之後，果得一紅牌，而給之，此是僞造，踏御寶者也，舉子喜而受之，下來遊科道內，而摘發於嶺營，捉上秋曹，秋曹嚴刑詰局紅牌所自來則舉子，口吐訓鍊奉事，奉事被捉之後，舉子徑斃焉，奉事果次受刑，終爲舊囚，其家使人送飯之時，女兒泣而隨來，年甫十歲，容貌端雅，見者愛之，書吏鄉姓者，入于獄中見奉事而言曰吾有一子，若若許婚則吾當極力周旋，以救出矣，奉事大喜，卽使人言及諸婦則其處子，在傍聞之，曰吾地閥之於吏雖家，雖不可作耦，然吾何愛一身，而不救父親乎，遂暗告其母，卽使轉通獄中結婚之意則奉事邀鄭吏而許之、鄭大悅擇吉日過婚後、語于奉事曰以後、開座時招納以如許如許之意、指揮矣、及其堂上、大坐起、奉事供曰當初科時、貫革圖謀之罪則矣身、甘受不敢免、而暗書假牌僞踏御寶者、其時擧子携來安東雙溪寺僧、某釋而爲之也、秋曹移文于嶺營、被關于安東則安東府所報內、以爲雙溪寺僧、某釋以爲上去于北漢太古寺、已有年矣、刑曹發吏更推捉于太古寺則僧所告內、以爲雙溪寺僧、某釋、果爲來住二載、死於三朔之前、已爲火葬云矣、諸堂上、只關嶺營、及安東府之文牒、而亦可罰無憑可考、遂以奉事照律定配、而遇赦見放云、蓋秋吏與奉事、成婚之後、使人探問諸寺死僧之前後、及所居寺剎名字、而使之納招救出奉事、吏胥輩、弄奸、每如此也

隨動稱魚

一魚姓者在座、其友以水族戲之、魚生厭而怒之、友指之曰彼鱸魚也、魚生笑之、友曰彼蘇魚也、魚生入房中、友曰彼魴魚也、魚生出于廳上、友曰彼靑魚也、魚生登床、友曰彼沙魚也、魚生欲其無同音可混、乃上衾枕堆積之上、友曰彼高登魚也、一坐大笑也

吾有一技

一富漢、亦解文字、又精詩籍、常自驕傲、視人如芥、一貧客來訪、將欲求乞、而時冬天薄着、僅叙寒暄、坐在房側矣、俄有數三馱來矣、主人顧客曰君將此物、納于樓上庫也、客辭以力小不能堪、主擲否而自解其衣

而爲之、又出冊字給之、曰君須書此、以幾百兩銀子、自某家來也、客曰吾不能書也、主人疾視曰如彼飢困、誰怨誰咎也、然則所能者何事、客曰吾一能、君欲知之耶、遂以兩足、正蹴主人之胸、又以兩手、連打主人之腮、聞者快之云。

馬猪同宗

山馬、臥泥中、不能振起之際、有一山猪過去、馬垂淚哀乞、君請活我、再昨跌足陷於此地、自期必死、幸逢至親、莫非天也、猪曰見汝無罪、幾可矜、吾將極力救出、然至親之說何說耶、若果親戚則必有相似處也、而汝之蹄能如我耶、馬曰速救速救、吾從容言之、猪以其口拱擬出之、山馬揮尾一斷、拂塵長走曰汝與我、必無相同之處耶、汝之鼻端、與吾之腎頭相比則不相似而何。

蘇叅魚宴

魚姓者設宴時一蘇姓客往叅其座諸人疑其連族未及叙派及其宴罷之後適有一人相問名字客曰我是蘇某也人曰然則何叅於他姓之族會耶客曰吾之先祖杖節于北塞也不得已娶胡女而生子不欲許給本姓而只給其一半乃爲魚哥則吾之蘇則魚姓者之嫡派也云。

不失本價

一邑倅廐養駿駒日使習出而依窓愛玩矣適座首入來見之欽羨曰城主所養寔是千里駒也倅曰君欲騎之耶座首曰貧士何敢望也倅

曰若納君妻則當給馬矣、座首曰城主、不欲失本價耶、倅雖愠、不言耳。

汝粟中出

有一士人、出他、由民田中而到家之際、路逢田主曰汝粟茂盛矣、吾早朝自汝粟中出則、遍身水滿矣、盖粟之釋音、與烏同也聞者嘲之。

一爲虛言

一漢、善作浮談、人稱虛言漢、而虛言漢、過去班家之前、班呼之曰汝一爲虛談也、漢曰吾有所去處、忙不可酬酢矣、班曰忙去果何之、漢曰官家、方分給還穀矣云故、去之、班則入其家、持槖送奴則原無分還之令矣、日暮其奴、空還、班呼其漢責之則漢、曰兩班分付內、一、爲虛言故、如是爲之云也。

不通下情

一宰相、悶其從嫂氏之飢乏、轉請于銓曹、使其堂侄、得除外任、其侄辭朝後、亦拜辭於堂叔、叔宰相、設饌餞送曰汝往任所、專誠養親、而不必濫貪非理、以營私槖也、其侄食畢、宰相以其餘饌、出給其侄所帶下人。未及就食之前、其侄拜辭即爲出去、堂叔宰相、更召曰汝之不通下情、若此、不可爲百里之長也、遂不送之也。

取婿性急

一人、嘗曰性品燥急者、多有速達、而柔緩者、多有貧窮之類、擇胥以性急者、而未背逆着也、一日見有一總角、入入廁、將欲解帶、而帶子緊結不解、總角拔刀斫絕、而放糞、蓋是性急者也、翁待其出來、欣然執手、問其姓名地處後、以約婚之意、通及其兒則兒曰今夕爲好、何待日後也、翁益愛之、遂攜兒其家、不卜日、以女許嫁焉、夜未五更、房中毆打之聲、浪藉、女兒呼哭之聲、大作、翁呼出女兒問之則、曰新郎所言內、既娶之後、生男生女、自是次第事也、汝何不生男乎云、而無數亂打也云耳、翁之癖好求其性燥急者、還爲狼狽矣。

曹趙相嘲

曹參判、往見趙相國之時、失足階前、趙曰無傷耶、曹曰丞相誤也云。

尺布獲生

有一店幕漢、締結火賊、藏于近地、如逢客之有包持者、輒密通于賊漢、奪而分之、外邑捕校、莫知也、行客多持錢及布疋三四䭾、而止宿于厥店矣、適見房中有二歲兒、臥於網席之上、呱呱哀啼、踵肉皆傷、血色外套、客手解其裝、取出數尺布、以給之曰、汝以此爲襪、以着兒也、兒足被傷於稿席、無罪出血、吾不忍見也、幕妻、恩之德之、乘其夫往于賊處、潛語於客曰、小妾之夫、名某也、賊酋之名、某也、家夫不忍飢困、爲賊所使、每有如許不義之事、客主今日必難免死、當用別般計謀然後、乃可得脫於虎口矣、客大驚曰、然則何爲則好耶、主女曰、客主有何所持踏印文蹟耶、客曰、適有隣邑印簡也、女曰、拆其封、添書兩人名字、呼此幕有司、而保授似好也、客如其言、召有司以印節示之則募主、與賊漢鬪而避之、客遂免死、盖此客不忍一時惻隱之心、費數尺布、而能全性命、以仁爲先。

手計干支

有六指客、歷過外邑、本倅設饌饋之、使妓酌酒以進、妓亦手有六指客問曰汝指何其六耶、此邑如汝病妓外、無他美妓耶、退出可也、六指妓、僅以所酌之酒、進之後、赧然退立、幾乎落淚、客召妓撫手曰汝何以如此耶、妓含羞答曰自兒時、病身也、客曰汝旣爲病身則當似吾指可也妓見之、乃是同病之人也、客曰他行次則與他妓共臥之時、兩手不過十箇而已、吾當與汝、今夜同計十二指、又計二十四氣、不亦可乎、妓含羞大喜、而出、傍觀亦皆笑、是日同寢、多給錢帛而去。

髭毛盡散

全羅監司大夫人、回甲之日、設宴於衙中、遍請近地守令之室內、及京鄉親戚家夫人、咸聚、而全州判官之室內、日晚不來、自營門內衙、出送童妓、傳喝促來、則童妓出往本府內衙、則寂無人聲、房門關矣、童妓從窓隙窺見、則判官夫妻、方作厥事矣、童妓忍笑出、逢府衙婢、轉通傳喝而來、及入營內、仆地笑臥、滿座諸夫人、莫不詰問、童妓曰判官進賜主、媽媽手撑其髭、兩目掩如不省人事、方在判官腹下故不得傳喝而歸也、諸夫人皆笑、一衙喧動也、巡使大夫人、元來耳聾、未曉人言、乃問曰汝輩、有何別般好事、而笑、與此老、共享其樂可也、諸夫人、皆掩口告之曰少年輩、見其年少童妓等所爲、而笑之、不可仰達於長者尊前也、不爲細告其事、大夫人、大怒曰汝輩稱以爲我設宴、以新衣、衣我、新裳帶我、而面面相指、而笑之則汝輩、必見我着多絮之緞衣、而指爲一包酒甕耶、吾尊見笑於汝輩、莫如今日不設宴之爲好也、諸夫人、不勝惶悚進前告曰本府判官之夫人、與判官、方有何許事云矣、媽媽聾不聽解、又問曰汝何言耶、其婦高聲再告三告之時、判官夫人行次、已爲下轎、至于庭外、輒問房內高聲判官妻事之說、不覺紅色滿面、難進難退、不得入謁于老人前則媽媽含笑獄之曰老物、在此、俄聞本府媽媽、做得一場好事、而媽媽之髭毛未荒、可異也、昔日巡使父親生辰、每好如此之事、而吾受其辱則髭毛、每每必散矣、諸夫人聞之、莫不向壁掩口、忍笑云矣。

持羽相訟

氓漢之子兄弟、共往樵路、拾得飛鳶之落羽、弟曰虎羽、兄曰猪羽、爭之日中、終不能決、至暮持其羽而還家、呼其父而告之曰我得一虎羽、示之於兄則兄曰猪羽、敢問誰言是乎、父受而見之、良久、乃嘘噫、長嘆曰嗟呼、汝等無識、如此、吾之後事、不慮今矣、年近二十、不知某獸之羽、深切可嘆、若吾之死則知羽者、亦將無矣、此乃鳶羽也云、

奴替科行

一鄉士、當式年、以科行、爲慮、其奴曰生員主、何以爲憂、士曰艱困兩班、又當科期、豈不爲憂哉、奴曰每當科時、生員主行次則奴馬之煩費、不

小、苟艱家力、勢難辦得、今年科場、小人替行則但用名紙及路費、而其他浮費、大減矣、士叱曰汝何能行兩班之事乎・奴曰豈不知投試紙於橋下也云。

貧老爛頭

貧翁父子、鰥居而父則本不吸草、子則能矣、冬天長夜、與父共宿、子不勝其寒、起而對爐吸草、父隨而醒睡、耐寒叩齒而問曰汝坐何爲、子曰不堪寒苦、吸草禦之、父曰南草之功、能禦寒耶、子曰雖不禦寒、然煙津潤脾、火氣攻痰、自有薰蒸之意矣、父曰吾亦寒不堪凝、而發心冲冲・或試之則庶可消遣耶、似或有然、願請試之、遂以石筒短竹、盛葉屑而進之、進之際、不覺火落於其父之髮頭破綿矣、父仍臥吸之、俄而問曰吸草則溫氣始自何處、子曰不知頭著處、而大抵僻寒冷也、父曰汝吸草、猶不知滋味也、吾則薰氣自頭而下也、語言之間、裹綿燒頭髮、焦額皮爛矣、翁不覺失聲、以手叩頭曰速脫我帽綿、頭髮已焚矣、聞者憐之曰嗟呼、以寒不能衣、飢不能食之人、添以焦頭爛額之禍、豈不矜哉。

猪肆狂哀

一賊漢喪人、挿菊花於方笠頭、人若不熟視則莫有知者、過於猪肉廛、而如眄如顧、廛主已見其意、乃出迎曰此處從容、喪主歇脚矣、賊喪人、入去暗語曰胎胞存乎、廛漢即以胎胞進之、賊喪、結盟而喫、又問曰猪頭有之乎、廛漢又出給之則賊喪、又喫後、不給其價、以八字形、徐徐緩步俯首而去、廛漢初疑放溺出外、過去一二家、終無回顧之意、廛人追執袖曰、喪主、何不給肉價而去耶、賊喪正色曰、誰能使汝、爲此怪異之事也、吾以兩斑、豈可喫肉於汝肆乎、汝則元無父母者哉、必是何許兩班、囑汝爲譏戲耶、汝當以實告之、則吾用一兩錢、謝汝、無可惜也、如此言詰之際、路上看者雲集、細看其哀之喪笠頭之花、既非自手揷之、則必是受譏於諸朋輩者、諸人共語曰、喪主不必如是、則必有指揮之兩班、汝何敢諱而不言、有此詬辱於路上耶、左蹴右踢、其肉買、賊喪噴噴拽杖而去。

兩囚相慰

甲乙兩人、共在獄中、相慰曰、丈夫之一入劃地、原非異事、君以何罪被囚、乙曰、吾伏而寢、故遭此耳、甲曰、伏寢何爲罪耶、乙曰、腹下有人故也、

乙曰君則亦何以就羅、甲曰取人一端稿索故也、乙曰取索、何爲罪也
甲曰端有物故也、蓋乙則私人妻、而被囚者也、甲則盜人之牛、而杖囚
者也。

旌閭村婦

靈城君、以御史、嘗行嶺南時、止一田畝、以待午飯出來矣、西疇南畝、俱
有饁之人、而獨於御史所坐處則日西而無持飯之來、諸耕夫、皆不勝
飢渴、相語曰、吾嫂不慮吾輩之如此、而想必濃於午睡也、何人則如彼
其安、吾輩則以空腹而汗滴田中之土耶、田主聞之、種種擧頭遠望、終
無消息、諸役屢幾乎停役之時、田主之婦、戴冷飯而來、主夫叱辱萬端、
諸人則怒不肯食、其婦、婉然而笑曰、諸君、想多飢困、我固有罪、然有不

得己之事故耳、勿尤如何、滿田之人、或有怨不肯言者、或有從容問之者、婦曰吾之舅姑、俱年八老矣、氣力猶健之致、俄者炊飯之後、欲取食器、入于房內則兩老並一席、有若少年之作事、吾何敢突入哉、待其老舅之自手開戶、入取器皿來、過數里、而更以思量則如吾輩、以少年之强、或有行事之後、神困心疲、而況八十老人之氣力耶、還入捉雞、欲作雞膏、以進則雌雞已捉、雄雞驚走難捕故、艱辛捉得、作膏以進、而來也、吾雖愚、豈不知諸人之飢哉、諸役夫莫不感嘆、頓忘其腹之飢也、御史還歸啓聞、命旌其閭、多給錢米也。

先問父飢

統營村民、家貧、只有二犢、欲賣於市場、牽而出去矣、路逢强盜見奪、而歸言其子曰吾失牛而歸矣子驚曰然則父親之飢餒何可忍哉遂進酒盃後始問失牛之由蓋其父出去時囊乏所儲只擬賣牛爲用也六抵以貧民家樣不憂乎失牛而其慮先及親飢其事似易而實難豈非出天之孝哉以此隣里傳誦統制使聞而嘉之遂差將校之任以厚其料云也。

割腿救母

又有李師春者其母痼疾多年辛苦而人有言曰喫人肉則效也師春汲水沐浴手割其腿而進之矣其病果得小可而子之臂姑未尙復完母疾更發師春又割其腿如是者五其母病快差享壽八耋而終其後師春以將校得罪於營門露脫其臂縛縛刃痕猶存統制使採問其由

曰吾亦人也、不可加棍於此也云、後、師春秩至嘉善、歷職蛤津別將、德積僉使、出入于營門、余得相面、爲人諄諄焉。

李丈詩句

余戊申春、往客于召郵册室、與李生員同留、李丈所得畾營妓、有心爲名女、率來同處矣、兵使交遞之後、其妓去而不復返、余嘗搜其篋、得一幅箋則書云、鐵作肝腸肉作人、無心人作有心人、忽自江南一渡後、有心還作負心人、出示于婦翁、復軒公、公曰李某前日、果以有心、爲有心之人、而相信耶、遂大笑。

潛斷烟竹

余從祖之出宰泗川也，仁同宗人，種來訪焉，一宗人名某素以學行有稱者也，一日謁于東軒，次及于冊室，竹笠布衣，手指數寸之烟竹，而入，相叙寒暄而坐，惟吾堂叔兩公，以年少書生衣服侈美，横竹對客，竹長，各丈許，堂叔公問曰嶺南兩班，多用長竹吸草，而宗人烟竹，何其太短也，客曰吾有老母，在堂，不得已多有持竹入內之時，故不敢以長竹吸草也，吾堂叔不勝撫然，替相入內，潛短其竹，而更吸云耳。

大丘未來

一魚姓者，行婚禮，併請諸宗，諸親矣，日已晡而不來者，尙多，宗族之老長者，召主人問曰吾宗之來者，似小，何來，何否耶，主人曰鰱魚族人，庶可來臨而、、此大丘叔，未到耳，蓋鰱魚之說，鄉谷，稱他之方語，大丘之

音、大口魚同也、聞者絕倒

盲鰥搜隣

一盲者鰥居在家、送出雇童、獨坐露出厥物、手弄大撐之際、隣居常漢妻、適來見之、憐其鰥居、又貪厥物之健大、即入相抱、以陰門冐揷、濃了一場而去、厥盲心甚感之、而終不知誰也、翌日自初隣、歷入謝之曰作日事、感激也、隣婦曰何事感激也、盲曰非也、遂出而往其次家、如之則次家又如之、三家四家之婦、終無應者、至于一家、而言則廊漢之妻、出迎曰休言休言、何感之有哉、主人宅、有問卜事云、吾將午後往去矣、曰謂有感之女、即此女也、盲者知之、自此以後、以爲解疏也。

賊反稱夫

賊漢、入人家廊房、取衾枕衣服、而出、爲其廊女之所覺、其女追而告人曰賊偸吾物去、請諸人、捉而與我也、賊回顧曰汝旣奸他夫則吾之衾枕、何能賜汝而去也、人莫追捕矣。

鳶飛魚躍

魚哥、宴設饌往來之際、鳶子蹴將其肉而去、主人、跳躍而逐之、人曰果是鳶飛魚躍、聞者笑之。

必題我來

有一賊漢、偸人財物、必題我來二字、而出故、名之我來賊矣、富人家逢賊所志、日至、畢境見捉於捕廳、捕將期欲打殺乃已、滋囚獄中矣、賊語守獄留直曰君之衣服、繿縷可憐可憐、吾有所盜得、銀子三百兩、埋於某山某洞、第幾松之下矣、君去取、而用之、吾則死在迫頭、惜其物何用、捕卒、往見所指處則若其言、有之矣、掘運渠家、入獄謝之、自此以後、廳中諸事、盡言于賊、而通之矣、一日捕卒喧動、留直暗採其由則我來賊、搏殺次、明日座起、出令矣、密言於我來賊、通之、賊曰汝暫時放我則罷漏前、還來、而明日座起、我則免死矣、留直細問其故、賊曰使道之欲殺者、以爲我來賊故耳、今往他家、又題我來而來、明曉我來賊立旨、又入則吾則免死必矣、留直旣餌其銀、又觀其意氣則必非不來之人、遂萬端付托、不失期之意、開門出送矣、瞬息間、還來、依舊囚矣、翌日座起、畢得決棍放送、盖捕將、與其妻、同衾同宿之時、我來賊、脫其衣服、自臥於兩人之間、左右相推之後、盜出其褥、大書我來二子於席上而來、大將始覺、獄囚、非眞我來賊故也。

熊川接長

諸閑良、潜捉隣猪。方欲宰殺之際、猪主來到、遑遑中、覆衾置于房內矣、猪主問曰抱衾者誰、諸人、答曰熊川接長、以腹痛、倒臥矣、盖熊川閑良之來留猪主、亦知之。其後少年輩、與諸友相識者、譏以熊川接長、呼之。

題辭二句

庚午秋、余題吏、吏自退所志曰汝之欲圖、未老得閑之計、將免霜鬢奸吏之名、爲之可熹、汝之前後擧行、果如何、而今、聞汝去、可悵客之未官厭棄之前、主人之嚬、欲乏久矣、焉忍小緩、即爲許施是遺、果汝當、退伏田家消遣、半載之餘生、而莫敎三屯諸子、以奸猾之習、宜當云云、又題捕吏之非戚、民訴曰非戚非親、既直既實則勿得勿犯、可宜可當云云。李生景瞻、年少坐曰執事之題辭、好爲長大、能與夫鼎者也、饋於粥於、賴以爲生之類、相同耶、余笑焉。

捕校　蒙侍

盜入捕校家。爲人所覺而追之、校則性本愚、而多虛氣。好誇奬者也、翌日、入家、聞之、曰何許大膽盜賊。焉敢入吾家。盜吾物哉、吾將捕納于廳、以免一輪之役也、遂即受由於捕廳、洞開內外門、裝束其身、腰揷鐵椎、隱在門外、夜夜待賊來家人止之曰緊鎖之門、賊猶能入、況於洞開門乎、校不能應矣、盜賊、得聞此事、連日來望其門、似欲入而去者、三夜校暗喜曰此夜窺門、若鳥子、不能泛過杵臼者、吾之捉得易於囊中取物、睡手揚揚、第四日則夜已深矣、校依門暫睡、盜漢、以一大空槖、蒙之而自頭至足、緊緊裹結、以手解之曰汝能捉我耶、校覺而欲動則渾身都封、豈能屈伸、大呼聲、家人驚起救之則家內大小之物、百無一存、幷腰間鐵椎、而諸皆偸去、校不勝怒、而慚愧、怒甲移乙、而遂取砧椎、打破其餘存缸瓮等、借衣出去云。

敎汝三略

一禁軍、愚蠢無識、膂力倍人、小無惱惕處、而但於讀三略、大以爲難矣、隨駕時、其馬作亂、禁軍怒而鞭之曰吾當踏、必以敎汝三略矣、其友嘲之。

十七字詩

亢旱太甚之時、邑宰、設祭祈雨、而齋宿之所、適與妓家相近、一士人、心甚不快、作詩譏之曰太守、親祈雨、情誠貫人骨、夜半推窓看、明月、太守聞而怒之、捉致決笞則士人、又作曰、作詠十七字、受笞二十八、若作萬言疏、必殺。倅又聞而益憎之、即報巡營、使之定配矣、其發行也、士人之內舅、以酒肴、餞送、其舅、適眇一目者曰、士人、作詩曰斜日楓岸路、舅氏送我情、相垂離別淚、三行。蓋指其舅之無兩行淚而賦言之也。

請借庶母

一人、猝生喫餅之念、與其妻謀之則適無篩子、乃致書於友人、欲借篩子、而但知釋音、不知篩字之有也、思之半晌、乃書曰家內、將欲造餅、而有諸具之所乏者、茲用仰煩、兄家庶母、暫借則、用旣還完矣、蓋庶母之釋音、與馬尾麤篩、及竹篩之釋音、相同故也、聞者絕倒、

勒生小歛

一人、家貧好友、晨起梳洗、即往于長橋居、一富者之家、逍遙焉、其家則乃是八九人相會宴遊之所也、歌客、舞妓、酒肴飮食、無日不設、貧者、以無名之客、日往同飽、諸人侮之、每有閒隙、以言挑之則貧者忍受諸人

之嘲、諸人笑之、以爲消日之資矣、貧者、或有事不往則諸人、還切待之矣、一日、天雨、諸客、未散而與貧者語之曰君、以家不贍之人、年將五旬則其死、不遠、吾以今日相好之義、論之則誰不可趁時往吊、以助其喪需而其時、人家之憂患、緣故、未可預知、子婦之生産、孫兒之痘疫、必多俗忌、方吾儕、豈意撫尸相通哉、吾之諸人、今日當與君相約、以某、當初終之需、以某、當入棺之需、以某、當山役之需、因此當質定成文、而後可爲而但未預知者、棺見樣也、奈何奈何、貧者曰雖是未然之事、諸君之意如此、感謝感謝也、一人曰凡喪家棺材之用、以數寸長端、價文顯殊、今若不知見樣、預置長板非也、如得價小者、而置之則奈於不意之尸長、何莫如使之暫時、草草假斂、以出見樣可也、諸人曰諾、遂執貧者、勸而臥之、貧者、故而從之、諸人、羅列以手巾、絲等屬於廳上、鋪以薄衿、拽其貧者、臥於其上、從下斂之、以及其上則其人、氣塞、諸人、掩鼻指笑之際、趁不解釋矣、無氣息、諸人、謝其無言、開斂視之、死已久矣、九人、大驚、撫摩其手足、亦以藥物灌之其口、互相推引、發明曰某之執絞、恐似太過、或曰某之發論、極其恠異矣、如此喧動、貧者精神少定、而仍作佯死之狀、諸家婢僕、歸告主家、九家婦女、不勝驚愕、迭相送人、連探聲息矣、一人曰此人、旣有慈母、與家屬、不可不通訃云、貧者、聞此言、外雖如死、心內暗想、老母之驚哭、豈不憫迫哉、遂呼吸欠伸、始有還甦之意、九人、進前執手曰君能知我而耶、或曰俄果就睡耶、各出一言慰之、喜氣滿堂、貧者還向九人、放聲大哭、九人亦哭、貧者曰吾弊衣破冠、一縷延命無非君之德也、每擬替君之勞、而將有結草之心矣、今則還復貽厄於諸君、不若吾死俺然耳、遂嗚咽氣塞、諸人、更進茶酒、使之收拾精神則貸者、乃泣而告曰酆都之事、吾未嘗信惑、然俄者、一瞬之間、入于閻府則鬼頭羅剎排立左右、鐵拘火釜、列在庭中、桎梏刑具、無異於金吾、刑府有若執事然者、有若羅卒然者、高殿之內、華蓋之下、有若王者、設榻而坐、招入問之曰汝因何罪入來耶、余仰對曰被捉之罪人、豈知其所因之由也、傍有黃巾夜叉、進告曰小人以他事出往之際、適於鬼門關、有一徊徘之人故、與之偕入而已、不知其由也、殿上一人突出進告、乃是判官者、而伏達曰近來富民之驕傲自高、愈往愈甚、生之殺之、渠任自擅、而某某九人、勸縛此人、使之致死也、閻王大怒、別定鬼卒廿七名、使之捉付酆都、牽舌獄、拘以鐵梏石桎後、使鐵瓮城將、入達于森羅門之意、累累申飭故、余痛哭哀乞曰惟彼九人、本以人間善心慈悲之人、小人之前後衣食都出於九人之周給、而偶於一時相戲之際、小人氣喘自寒也、非被死於九人也、伏願寬貸之、閻王顧謂左右曰九人若平日行惡於貧友窮親、而一無顧恤之惠則彼人之所告、豈如是耶、姑勿捉來、以觀來效、可也、左右進告曰使其九漢、均分其財、以給此人、豈可爲贖罪之萬一哉、閻王曰然則姑勿遵令、於力士夜叉等處、而數日後、使之辭階出送可、傍有執事者、以手推出余背、使落於空中故、余因風飄飄輕揚還此則諸友在傍、可欣可悲、吾之死、非不異事、何面目更對諸益耶、因涕泣不成言、如此之際、九家奴僕、歸告其家、諸家婦女、皆大驚跌倒蹶、近來富家婦姿、邀巫禱神、請僧而誦經、無端費財、至于破家境者多矣、九人本以無識淺見、聞得如此地府丁寧之報則豈有宴然不動心之理哉、遂送取錢包、或送三百兩、或送四百金、數日內三千餘金、聚積于貧家之庭、貧者只受八人家所送、而還退一人之物、其家、亦不勝誑惑矣、數日後、貧者告別于長橋之所、遂移居外鄉、更不相從焉、諸富人、外尙奢侈、小無積善之處、而惑於巫醫、旣乏節愛之道、財生無處、而用之如水、豈能長久乎、三年五歲之間、賣瓦換茅、衣不蔽身、食難供口、昔日竊破之緞衣、出棄苦醬、安復更得哉、九人各散、不曾更會、或有路左相逢則互相慚愧掩面而避去、其中一人則先敗家產、夫妻幷歿、更無嗣續、此則向日貧友不受金錢之處也、十年之後、貧者、多將金銀來到京內、窮搜坊曲、更逢八家之人、還報本錢、又加給其、倍而歸云、蓋此貧者之初不受一家之物者、何也、必是能料乎其友先亡、終無可報之處、而然也、高臺廣室之中、飽食煖衣豪華者、言笑自若之際、豈意假尸之有此神計也。

哀觸客頂

一人、往吊其友則喪人、有事暫解祭服、蒼猝之際、大帶同環廬幙之柱、而帶焉。客入哭欲拜、喪人亦哭而欲伏則帶子、復引、焉敢屈伏、盡力牽之則帶纓、斷絕、仆觸客頂、客撫頂忍痛、僅叙慰問之禮、而出矣、一人於路上、逢之、問之君將安之、友曰欲吊某哀、而往也、破頂客揮手曰君看我頂、我逢大敗矣、厥哀必有狂病、相揖相拜之際、故觸我頂、如是致傷、君者往吊、可愼可愼、其友唯唯往焉、及入廬幕、先伏試覩則哀將欲拜、客以手拒之曰又觸誰頂耶、我則已爲知之、遂忙忙出去、喪人不勝慚惡、自嘆腰絰之斷事而已也。

吾聾退客

一家之內、上下內外皆聾、適當食時、咸集之際、有柴商呼賣、而過去、主翁方食、曰如此老漢、豈有洞役、而任掌、如是來侵耶、主嫗嫗曰進支、沙石有之耶、令監何若是發怒耶、其子曰近來則子不敢飲酒耳、子婦曰昨日豆粥之買來、因乳乏、而爲兒買來、非我之所食也、婢曰生魚興成小人不喫一分錢耳、奴曰數束稿草、喂馬而盡、豈敢点火於小人之房耶、適有乞婆、入來聞其始末、笑曰糧食得不得、姑捨之、飢腸行色、與彼聾聾酬酢、則虛氣顛倒、可慮也、遂出去也、

義婢享福

一士人、娶妻則其率來婢子年可十五六、容貌端正。作人敏捷、士人、每欲私之、言語形色、有見於厥婢、婢自思曰吾與娘子、名雖奴主之有分、而自離襁褓、至今同袍、義同兄弟、今來爲其敵國則冥冥之中。天必有殃、久居此處則拘於威怯、必不得免、如是而豈有同袍同衣、而至今相愛之舊義乎、不如逃躱自避、而若告娘子、必不肯許。乃換着男衣、不告而逃、路逢酒媼、察其家無男子、乃作雇工則凡百事伶俐。難以形言、四五朔後。酒婆始知女子、換着女服、愛之如出、又數月後、科客過去者、望見其姿色、懇請通婚於其酒婆則婆告女、女曰吾雖流離於此、本是班族處子則寧爲貧士妻、不作富貴妾。科客亦是未娶者也、仍即成婚矣、科客幸得科名、率去其妻、歷高官、生三子而死焉、其後三子、連爲登科、皆在名宦、一日其兄弟相言曰某也。何可堂錄。某也何可持掌、某也何可弘吏、其母曰以汝之家地、何敢論難他人乎、吾拘於家中耳目之煩多、不即言於汝矣、今幸子婦輩、適不在傍、吾試言之、吾則某鄉居、李生娚宅、某班之婢、名某、而假稱李妹者也、因言前事、思其主而泣之、適賊漢伏在廳下、細聽其事、乃曰吾每蹈危機、盜人財物、苟苟充腹、寧告此事於李生、而分其贖身之錢則豈不妙哉、即往渠所、優辦盤錢、卜得一馱而往訪李生、細告其由則生欣然寬待、喜若不勝、言曰切勿漏泄、使隣人知之、即擇日發行京城、使盜漢牽馬、乃以其子佯作陪行之狀、而行到大江邊、暗推盜漢、投水滅口、入于京城、訪尋某家、通其姓名、言於婢僕曰吾乃汝宅、大夫人之娚也、奴輩入告、旋即請入、娚妹相妹大哭、以叙積阻之懷、與甥姪及姪婦等、行初見禮、而留之數月、主人轉請鉢曹、付除監役、數日行公、而不仕還鄉則甥姪中、一人、已爲宰相、多買田宅而給之、付托於其邑倅、與道伯、使之厚而存問、其生色、榮幸、甲於一道、大抵李生之稱妹得職、致富、此乃施息於老夫人之洗其賤名、而快爲士族、可謂幸矣。

使虎立題

庚午八月、內行、下來、第二隊、驥良、年甫五歲、夕飯之後、適出外軒、及其夜深、使小童、轉呼衙婢、欲使偕入則金生、學敎、在傍留之曰虎在戶外、汝不可入矣、留于此處也、兒終不肯、召通引使之逐虎、通引聲曰虎狼、性惡、殺人啗人、吾輩何敢逐之、召吸唱言之、吸唱之對答亦如此、兒、潛搖懸鈴、呼使令、使令等、未諳兒輩之戲事、應聲入來、羅入庭中、兒開窓曰使虎狼歸去、立題可也、諸隸一齊應聲、回首微笑之際、兒籍其諸漢、在庭之勢、手持其鞋、急走入內、見者愛之。

鷺壽猫夭

一人、吊亡友、慰其哀曰、君之先君、非但平日之氣力强健、以相法言之、人中旣長、必期遐壽矣、得何急疾、而如是其促也、哀答曰、白鷺之雛、千年不滅、而猫兎之群、生即必死耶、家親放糞於簷下、誤爲落瓦所傷、頭部見破而歿矣、

鹿何爲郞

一老人、與小妾、共座、長夜無眠、僅將無力之物、强作一次、撫愛其妾而問曰汝亦好耶、妾冷笑曰好否、問將何爲、老者曰幸或受胎、可爲汝、末

年托身之鹿也、妾曰賤身所生、何能養身耶、老者曰爾雖私婢、我是兩班則汝腹所生、豈無食祿資生之道耶、八道裨將、兵房、禮房、好倉監官、豈不奉養其母乎、能膺郎廳、五衛將、豈不奉養其母乎、妾曰生子善養、使吾托身則雖好、而生鹿則鹿亦爲裨將、郎廳耶、老者曰我是人、汝是人也、生鹿之說、一何誤耶、妾曰以鹿皮腎爲之、必生鹿也、老者憮然太息、反身側臥曰吾之精水、若存若無、生鹿、亦不可望也云、

不知爲減

一蔭官、作宰外邑、月白風淸之夜、座於東軒、聞得閉門鼓角之聲、而口稱好矣好矣、以肩舞動、妓生通引等、心甚笑之、衝動其鼻曰自古云邑倅擬王位、減制度云矣、倅曰吾不知爲減也、登肩舞、

初不相求

大雨雷霆之時・數三行人、避雨于人家、門內矣、一常賤女、有姿色・美衣服者、同在其中、方畏慴於雷霆之際・一漢在傍曰如此之時、藏置好物、而不借之人也、打以霹靂則吾心快矣、其女戰戰答曰吝乎吝乎、曾有請借之事、而不許則如是、惡猶或可也、而初不相求、而先用恐喝、何也、聞者絕倒。

吾胥代納

一年老陵官、召守僕謂之曰吾既無齒、堅硬之物、難以喫之、明日夕饌、以柔軟之物、供納、而若生雉、若松耳之屬、吾性所嗜、守僕俯伏應聲而出門、自語曰、如求、貌着生雉則鷄或似然也、若松耳則何物近似、當以吾腎代納乎、陵官之言、雖或濫討之計然、下習之獰頑、何其甚乎。

春號同知

鄉漢、吳莫乭、居于鄉谷、家富多錢、捉虎而爲堂上、納粟而爲嘉善、鬢着金環、行身儼然、隣里多有兩班、常窮春飢困之時則往其門外、呼之曰吳同知云、而乞糧貸錢而去、秋收以後、棄有餘糧、無可借於吳同知則諸貧班、言必稱隣漢吳莫乭云、人都呌他、春吳同知、秋吳莫乭云矣、

哭者之頑

一人、當喪、使其子貼造魂魄箱子、原無手才、紙多紋縮、外貌不平、乃告

其父曰此箱雖造成、其樣、正似哭者之顏也、其父大叱曰汝父、方此爲哭也、汝何敢出哭漢等說、汝年幾何、不能做得如此物、手才話法、必近葬之子也、聞者絕倒、父尸在床、而責子之聲、又復如此、眞所謂世襲妄發也云耳。

兩眼可潤

方春花時、桃李滿發、一里諸人、互相携引持壺挈琴、訪花隨柳、其不我以者、只有眼疾、眼瞎者、十數人、已而諸病客、拽杖相扶、會于一處、迭進酒盃、拊敘襟懷曰今此之時、草木群生之物、皆有以自樂、而吾儕諸人則可謂生不如死、吾何時眼疾稍可能與平人相齒、比肩哉、或曰吾則生前無可奈何、或曰吾則視物雖迷、未嘗長不如夜也、數人曰吾則一自謂眇、一目完也、如是亂喧、酒紅上面、四壁分坐、洗盞更酌、適東壁之下、眇左目者在右、眇右目者在左、南北兩列、如瞽如盲之類、各有同異、而西壁之下則兩目雖存、視物蒸迷、適參其列、遠望東壁眇者、而問之曰彼友則未知在於何洞、而兩目之間、何若是廣也、蓋不能見已閉之目、其望見其所開之目言也、右眇者之右目、左眇者之左目則不及入於稀迷之眼力故也。

乃寫汝母

一富人、在於北山下、累經營所任、小吏之人也、以家產稍贍、所得多夥之致、自爲風流浪子、日聚朋友、歌舞消遣、醫女、針妓婢、有名稱之妓、未嘗一不相識之物也、一貧者、遂日來到、或代書書札、或替行諸事矣、一日主翁病重，諸子侍側，主人呼坐其子謂之曰，吾學行不足，家產有餘，自少及今，而每以豪客蕩子之妓生，推尊爲事，歌舞笛管，爲恒業則汝輩，豈無目濡其染之弊乎，吾年七旬，病勢沉重，而回甦何可望，家財亦常有餘，吾喪三年之後，汝輩從心所慾，窮其所樂，無或不可，而有所不可不知者，吾今語汝耳，取紙筆而來也，其子涕泣唯唯，而出手抱湖南簡紙數十丈，三折連幅，幷奉絳眞香硯匣而來，伏於队側，傾白玉蟾蜍硯滴，磨八神貢墨，把大霜毫，晋唐小楷筆，以待則父曰以大字書，內醫院而爲綱題也，又以小書厤書，諸醫女名曰某也，曰某某也，子隨呼隨書，將近四五十名後，其父曰以大字，書尙衣院，爲綱，以小字，書針線婢，名曰某某，將近七八十名，則又曰以大字，書綱爲題者，若工曹，若惠民署，而又有小字，書某，又過數百名後，又曰以大字，書中部，西部等，五部題綱、更列書酒蕩、隱娼、名曰某某、幾百名、又大書刑曹、京兆府、小書下典名、幾百名後、默然良久曰、又以大字書、未考居注秩、次以中楷書、指示人姓名、又於其下、用小書、如例幾百名、又以大字、書八道名、爲題、中楷書、各邑名、其下小書者、亦不知兆數、貧者、默看嗟嘆曰、主翁之好食、好衣、熟不可羨、而猶可爲富則例事、而幾千數、女妓、呼來、斥去、從以指揮、此則政非王將軍之庫者、猶之行樂也、吾今世則已無奈何、後生、此世、若復爲人則不但願爲好衣好食而已、若得如彼花田行樂則好也、主翁死後、五六年、貧者亦得疾、呻吟、臨死、呼其子、使取紙筆、伏之於前曰吾之所眄妓娼等名、汝當書置也、久之父始呼曰廣通橋邊、願我女、其子書之後、過食頃、乃呼曰書汝母、只此而已、聞者絕倒。

糞堆鮮花

一常漢、面醜、而妻有姿色、隣居少年、悅而私之、每撫手誘之曰如汝絕代美質、何忍與醜惡漢、共居耶、見汝夫婦則無異植鮮花于牛糞堆之傍、可惜、可惜、女太息曰莫非數也、奈何奈何、少年日後、多給錢兩、又以甘言說之曰汝能逃亡、從我耶、女雖不快諾、亦無冷落、少年心切喜之、頻頻往來矣、一日往開其戶則女與醜夫、共臥房中矣、醜漢問曰書房主、何以辱臨陋地耶、生忽忙中托言曰聞汝家、有牧丹花故、將欲移去耳、醜漢曰小人家、何有花草可玩之物也、而設或有之、如此亢旱、何能移去、女左顧右眄、含笑而言曰天雖不雨、糞堆之花、移植能生耶、少年已知此女之傾心、歸買一小屋、竊歸其女、與之同居矣、一日於枕席間、撫其背曰、汝之肥膚、比前少瘦耳、女曰、旱天移來故也、二人大笑矣、後友人迨魚酒者、使之作膾共飲、女未及洗手、酌酒以進之際、鮮臭狼籍、少年笑而責之曰、汝何不淨耶、女曰、糞堆之物、何可淨也、少年曰、吾兩人相愛相樂、可謂至矣、而今汝言以有慍意、無乃汝不忘舊遊之地耶、女含笑。

衙婢待客

黃海監司、巡歷時、延安原無妓生、府使使其衙婢、盛修衣裳、以爲隨廳之役、又其大夫人、性愛蓮花、自邀花初開時、至于落蕊、日日往賞于南大池、官屬與民人之間、不無其弊、寃聲喧籍、京中士夫聞之、莫不駭然嘲笑也、臺諫將欲上疏論駁、府使先聞此報、裁成一札、使其子、懷呈于一宰相家、其宰相則與臺諫、交分、世誼自別、而又乘隣居相從、而事事言聽之間也、延衙子弟、入謁宰相、呈納書簡、宰相曰吾亦聞知此事矣、大抵賞蓮之頻數、雖有民弊、是乃爲親之事、則猶或不恠。至於使出私婢、替妓待客。其外貌似是獻諂於巡使也。人之是非、或帶然。汝家何不知如此體而耶。吾與某臺諫、情分、果不泛然、今欲請邀、而托期於挽止、爲計、然其人已出蹴草、人多知之、其聽、未可必也、遂使人邀致矣、俄而門隷、入告言、某臺諫、入來矣、宰相使少年、隱於屛後、與臺諫酬酢則臺諫曰延倅、本是南行、雖與文士、有異、然以其地處、何不支撑一邑之倅。而巡使迎送時、既無妓生則使通引隨廳、必是例套也。而苟使衙婢、替妓待客、究其情態、極爲巧詐、且大夫人、雖好賞蓮、一二次之行、猶或可也、日日擔挽作行、各樣供給、連續於道路、至有吏民之寃、而延倅知而不諫則其慌惘可知也近來守令不務於善治而只以善事巡營為勝事豈不寒心哉吾是以將上䟽而既出䟽草云宰相曰延倅則故宰相某諡公之幾世孫也與吾家世誼自別而其人天性至孝而今有八十老親每以承順親意為心不拘小節者也則今為苟且之事以悅巡使欲保延倅者亦出於為親榮養之計耳亦於君宅原無宿嫌幸其恕之也俄而酒肴出來而酒則燒酒肴則乾蛤之屬此亦是延邑物也主客滿醉或閒談古事或討論時事而日晚臺諫謝去宰相執袖笑言曰君將何為耶延倅以母待客則可謂叵測也以衙婢待客何辱之有其大夫人好常漢則可謂駭擧也好賞達何妨也臺諫亦笑曰大監如是果果挽止小生豈敢不停止乎遂唯唯出門而去少年出自屏後跪坐于前曰幸蒙周旋之另念事既無弊雖極私幸何置人子於屏後而辱說

之太過乎、宰相亦笑焉、蓋御婢之音、與父之釋音、相似、賞蓮之音、與常女之釋音、相同故也、聞者絕倒。

掩口得報

一士人、於山谷中、失路、徘徊之際、見有一堆枯骨、露在山上、心甚矜憐、取土掩之、負莎草而覆之、不覺日暮、迷失歸路、遂宿塚邊矣、夢有一女人、進拜於前曰、此乃馬嵬坡舊址、妾姓楊、唐皇妃也、一自死後、唐皇展轉思想、使臨邛道士之類、遍求致魂魄之術、而猶不暇及於改葬、妾身于深谷之中、至今年久日深、風透雨洗、骸骨綻出、無人收護矣、幸賴君力、更得掩土、此恩無以報也、吾將一往謝之矣、君其勿訝焉、夢覺、其容貌之美、妍語音之琅琅、尚在耳目之中矣、白樂天長恨歌云、回首一笑百媚生、六宮粉黛無顏色之句、正得之矣。士人歸家之後、夜至三更、萬籟俱寂、鬼嘯遠聞、涼風忽起、而有人、搖戶、士人問曰誰也、門外人、答曰我是貴妃也、士人開戶則妃即入坐于前。垂淚而言曰昔時唐宮所儲珠玉寶貝、皆吾所有、而妾之出宮時、一無持來之物、則今也、欲報君恩、措手無處。妾本以傾國之美色、以爲事人者也、願一奉巾櫛、以代結草之誠也、惟君能容之耶、士人初雖不敢輕許、徐觀其態度、魂迷心惑、不得已與之同宿焉、至於鷄鳴則妃即去、而翌日復來、如此數十日、而謝去、士人心切異之。說于其友、其友乃是貪淫好色者也、聞甚欽羨、乃多持金銀、傾率役夫、遍訪露骨、隨即掩土、心中暗思曰願逢虞美人之朽骨、以掩之後。虞美人來謝於我、亦如楊貴妃之於吾友則好也云矣、一日寒風蕭瑟、月色沈沈、門外、有兵馬喧動之聲。其人穴窓窺之則一員大將騎烏騅馬、在前後有騎馬二十八人從焉、大將大呼曰主人出來也、主人戰戰慄慄蒼黃出伏於馬頭下、大將責之曰汝有何望而多貯錢財、以掩露骨耶、其人曰小人之友人適於馬嵬驛坡、見一枯骨、心深憐之、掩土而歸矣。其後夜、逢楊貴妃之神、數十日同枕繾綣云故、小人以年少銳氣、亦復好色、而閱盡今世之婦女、一未入眼故、妄生不可成之念、多將錢兩、掩土露骨者、欲逢美色女姬之神故也、大將大喝曰古之所謂美色、指不勝屈也、汝之仰慕者、何女耶、吾已知之矣、直言無諱可也。人曰所願逢者、果是虞美人也、大將曰予即西楚覇王、虞美人、卽予之佳姬也、我烏江臨死時、能不忘此女故、拔山歌末句曰虞芳虞芳奈若何云者、此也、彼廿八人、皆是耳聞目覩也、汝以么麼匹夫、安敢妄生此念乎虞女、本以秦宮侍人、埋在始皇塚中、吾掘皇塚而得之、爲姬

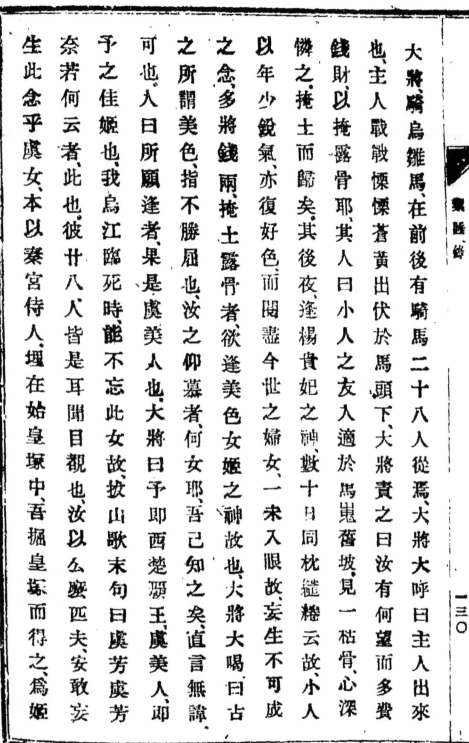

則其貞潔自守、豈與淫穢楊貴妃等同哉、貴妃則生於唐室君臣父子之淫行時、唐皇陷於迷魂之中、見蹣於貴妃之美天將下雨、地自先濕等說、而不知褫褓安祿山、及妃娚楊國忠之罪矣、及其唐皇形歸窆穸龍馭升天之後、豈不知其汚褻哉、是以父皇子、王及義子、楊男、皆不敢更近焉、楊妃則今爲無主之物、空爲嗚呼馬坡之魍魎則今汝友之同寢、假使唐皇見之、必可抵首避去也、虞姬則與吾宿緣、未盡、而不幸早、値天亡我之時、既失鹿於劉郎、而千載之下、又失虞姬於汝輩乎、此後則勿出忘念、可也、遂回陣而去、其人、入于房內、汗出沾背氣塞、食頃方甦、俄而三介役夫、來告曰某山深谷中、有一堆、枯骨、而其骨碩大、色不靑而白、似是男子之骨也、將何爲哉、其人曰多負土沙、堅堅封築也、遂因昨夜之事曰貴妃、乃大唐萬乘天子之寵妃也、吾友與之同寢、而吾弊虞姬、不過一伯者之姬妾、而項羽之預用作戲、誠可恠也、必是虞塚在於近處故、逡巡圖免如此也、汝輩當窮搜遍訪也、役夫奉命而出往、深谷中、負土封築後、遍踏諸谷矣、此夜三更、有一丈夫拽履升堂、直入房中、氣宇軒仰、衣冠甚偉、跪坐於前曰吾乃大漢騎司馬、呂馬童也、自漢亡以後、吾之墳墓、崩頹毀傷、無人看護矣、今也幸賴君子之德、使人加土則不勝感激、以此爲謝也、遂出黃金百兩、而進之、其人固辭相讓之時、漏鼓已深、小童入告曰昨日項將軍、又來矣、項羽大聲曰主人主人、汝終不聽吾言、使人搜尋虞塚耶、遂排戶直入、見有呂馬童、乃退一步曰汝是劉邦之騎司馬、呂姓漢耶、當時秦失其鹿、天下共逐之時、各爲其主、盡忠而已、則吾不可以汝爲嫌也、吾亦不足以汝爲畏也、然昔日烏江自刎之後、遙想汝之舞劍前進之事則頭髮悚然、不忍正視耳、遂去不復見、而已、村鷄報曉、呂神亦去、案上只有黃金、數封而已矣。

負豆有異

一武弁、往拜于宰相家、武則少年時、以壯士、有稱者也、宰相問令翁氣力、今或有餘耶。武曰小人日前、負豆二石而試之則或有如前之事、或有比前之小異處也、宰相、更問壯哉壯哉、然何事、如前、何事、爲小異耶。武曰前日、稱索緊束。兩石之豆、置之於石上、坐而負之矣、今亦坐而負之、其事果如前日也、前日則負而起矣、今則只負而不能起。其事果小異矣、一座大笑。

脫網着猫

禁軍設置之初、只以堂下人、差出、而其中、如陞堂上則例以減下矣、一禁軍、試射時五中、而加資則無罪見汰、而未能趁屬他營、料祿、每多闕食矣。一日僅得米升、而炊飯、又買鹽鮒魚一折而灸之、方欲登床之際、隣家猫兒、偸而食之、僉知、心切痛惜、遂設機而捉之、以繩繫其四足、遂脫自家所着網巾、着於猫項而數之曰吾着玉貫子、而今至餓死之境、汝亦着此、餓死可也、遂放送矣、其猫走過隣家、隣家見其貫子、而莫不笑之、以傳其事、一日猫偶入兵判宅、兵判見而訝之、問其故則事甚可矜、即爲啓稟、使禁軍加資者、不爲減下、並令隨行焉。

子問父讀

一人、無識、而性好高聲讀書、每見人家付壁之書、輒豪亮高吟、無非誤讀、如有郁郁乎文哉、爲都都平又我之類也、必使人知渠之無識、然己焉、其子憫之、密告其父曰文人對書、必有沈默窮理、而心曉字句、與釋義然後、始可放聲吟詠者、人莫敢笑焉、今也、父親則不然、未諳字書、不分文理、每以大其音聲爲先、誤讀字以他音、當懸吐而直讀、或逢七絕而以五絕詠之則八字有餘、或逢五絕而以七言詠之則八字不足、每所逢着之詩、何必盡是長短句也、後日稠人廣坐處、勿復高詠、恐似好矣、父曰吾性急故、不採其細意、先自高聲詠其大概耳、今聞汝言、節節皆是、此後則讀書與言語問答、當沈潛思量後、爲之矣、其後有客來訪時、値仲夏問曰主翁春秋幾何、而子弟幾人耶、翁之生日、適爲二月也、翁對曰吾年則六十春、五十九秋也、而吾子則三人、吾弟則二人、客又問曰年歲幾何云耶、答曰六十也、客曰五十九秋之說、何也、翁對曰今始夏節則未及爲秋故耳、又與人看朝報、至刑曹判書推考之事、翁潛默窮理、釋其文義後、乃曰使人推之則刑判應必仆地、既仆之後、又何所考耶、又見罪人某漢、某驛、定配事、乃曰厥驛多有驛婢耶、何使丈夫、送定配匹乎、人大笑、子益悶之。

馬腎造鞭

外邑新延時、卜馬夫、持竹根馬鞭、而來、京馬夫問曰君之馬鞭、好矣、外邑馬夫曰何可爲好也、吾兄則以牛腎、造作、其品、尤好妙也云。

妻妾同室

一人、有妻妾同室、而居言語於妻妾間、以善圓爲之、無顯愛憎矣一日主男出而歸家則不見其妻之出迎、心先訝之、問于妻曰某也何去耶、妻曰厥穴、赤赤而臥睡于後軒云、主男曰厥穴則紅、必可用。妻曰吾件則比彼尤紅、主男曰過紅亦不用矣、妻赧而無言也。

侄騙其叔

叔侄、同作鄉行、叔本好色、於路、見裙則輒不泛然看過、行到中火站、其叔見其店女之有顏色、以眉目送情、適無主男、與之言戲、女亦順受矣、叔仍欲止宿、侄雖悶路遲、無可奈何、店幕之房間、有隔壁、而中防下則初不隔防、可容小兒出入矣、上間則店主夫妻同宿、下間則客叔侄同宿、而叔有意臥于中防。通下近處、女亦乘其夫睡濃、轉臥于隔壁、通下近處矣。客侄假宿偸眼、見其叔之行事叔脚與女脚。互相出入于中防通下、爛慢弄歡、客侄、默想其叔行事則明日行程、猶未可知也、心方悶切。適其叔、欲為放糞、潛出房而去、其侄乘其叔之出、暗轉臥于叔所臥處、依叔所為之樣、以脚入于中防下、女脚亦入來、客侄以木枕、痛打女脚之桃骨、女俄者弄暢之餘、逢不意生病、不勝其痛、恸於夫覺、只忍聲、忍痛矣、客侄、即旋舊臥處、而似睡煎鼻、其叔、放糞入臥、不知乃侄之所為、以脚如前入送于中防下則女忍痛、含毒之中、見其脚入、以砧棒、盡力打其桃骨、客叔、不意逢變、痛不忍耐、不得做聲從此、男女破意、而翌朝、相面怒目、視若不見矣、客叔忍痛即發而蹇行、其侄之設計陰毁、雖緣促行、究其所為則可謂頑侄、可痛可憎也。

祭祀失禮

有一人、爲人昏暗、每於祭祀時、多時錯亂、失禮矣、有言于三子等曰祭祀、失禮切悶、從今爲始、一依喪禮備要書出笏記、逐條爲之、似善行祀、果當忌日、從笏記行祭畢、其父言於長子曰今番祭祀、如禮而無欠、善過也、長子曰果爲其然也、仲子亦然云、而季子曰祭祀雖善過、小有可欠者矣、其父驚問其故、季子曰汨沒於笏記、不啓韜籍、而行祀、是以小欠者云也、

善治瘧疾

有一鄕村常漢之妻、年不過三十、喪夫、而以饒居之致、不爲改嫁、守節、而其作人、免醜故、洞內一漢、心切有意於厥女、而無計可圖矣、寡女適得瘧疾、屢直不差、辛苦之際、厥漢、往問病情、乃言曰吾有移却、妙方法、

而累試、無不得效云、寡女曰方法、何以爲之、漢曰精備酒果紙燭、而病人着新衣服、直日淸晨、獨自往于某山、城隍堂、讀眞言祈禱則無有不差也、女曰眞言、誰可讀之、漢曰若非我則不可爲之故、已多請我同行去矣、女苦患之餘、喜而信之、祈禱物種準備、而凌晨請厥來、厥漢斫造木釘、長尺許、四介、及稿索、五六把、亦同祭物、擔負、而與女偕到靜山深谷中、陳設酒果、而以木釘揷之四隅、使女仰天臥于其內、而左右手足、以稿索、分結左右木釘、厥漢仍爲刧奸、如法爲之、女雖驚忿、無可奈何、不得已經事後、歸家、瘧疾、幸而移却矣、厥漢、善治瘧疾之名、傳播一村矣、村中老班生員、得瘧辛苦其子焦悶、招來厥漢、問移却方法、厥漢以已行方法、言之則酒果、紙燭木釘稿索等物、俱備而生員者、與厥漢同往山谷、僻靜處、陳設酒果、揷之木釘四隅、使生員、伏之其內、而左右手足、以稿索分結左右木釘、而脫袴露臂則生員者、莫知其所爲、心切訝恠矣、厥漢、以大撑厥物、北衝爲之、生員一頭號令、一頭叫苦、英雄無用武之地經事後、歸家則瘡得移却、北衝逢辱、極甚忿痛、發說則還極羞恥故、初不開口矣、居未久、生員之妻、患瘡叫苦、其子又請厥漢、欲爲以方法之意、言告其父則父大驚搖手曰決不可爲之、決不可爲之瘡疾雖十年不差、彼漢之方法、不可爲之不可爲之云也。

鷄亦秋行

有一人、欲作省掃之行、以曉飮之意、分付于婢子、而其夜宿于內房矣、婢子未明前、造飯次、以待上典起枕則東方、漸白、終無動靜、暗聽窓外則厥事、方張、不敢做聲、自歎未眠、早起、而獨坐矣、天色已明、塒鷄下庭、雌雄交合、婢以老脣言之曰鷄亦爲山所之行耶、上典內外、相顧、慚然無言矣。

村談解頤　姜希孟

禦眠楯　宋世琳

續禦眠楯　成汝學

目次

村談解頤

村談解頤

姜希孟 著

村談解頤自序

村談解頤者、無爲子自著也、居士居閑、與村翁劇談、採其言可解頤者、筆之於書、書既成、客有過者曰、古昔聖賢著書立言、皆埀世立敎之大者、非苟爲也、居士乃摭滑稽之言、著之爲書、無乃褻而意淺、不見信於君子歟、居士曰不然、事無精粗、至理斯存、言無純疵、耳順則解、是以滄浪之歌、孔子歎其自取、陽貨之言、孟子取以論仁、事雖鄙俚、燕書而郢說之、何有於不可、曰何始乎牧丹、人情之易惑難解者、美色而娼家爲尤甚、首之以此、警世之微意也、何終乎慧能、男女之欲、惟髡最重、始雖自防、終至於迷、其與李生相類而相反、終至於此、始終條理之意曰何以男女之事多、而得其正者少歟、人事之過差、多起於此、而言之者偶如此也、曰其爲敎也奈何、苟能辨牧丹之詐

六

則內無色荒、而夫婦倫、正矣、察癡奴之爲則家無亂政、而上下之分、定矣、狂奴行媒、輔主之忠、得矣、鼷鼠圖婚、安危之分、著矣、撫少失恩則何怪乎沙彌之偷柿、受恩不報則奚怨乎狡兎之決訟、以至洪善之妄信天帽、致義之虛逐便○、慧能之係頸烟花、皆駭俗之殷鑑也、以之修身則身不得不修、以之齊家則家不得不齊、推而遠之天下、安在而不致其功哉、古者聖賢垂世立敎之言、亦不過如斯而已、客曰唯唯、於是、晉而冠諸篇端、無爲子序。

目次

牧丹奪財

箕城妓牧丹、以才貌、選京籍、有鄉生李姓者、爲政府知印、其就任也、婦家盛其資裝、來館都下、適與妓居近、妓見其卜物、欲釣之、至生所、佯驚曰不識尊寓、而來、卽回去、生竊慕之、一夕妓瞰生獨坐、賫酒饌以慰生曰芳年旅此、得無寂寥乎、妾夫遠戊、經年不歸、諺曰嫣婦當知倮夫之懷、勿以爲恠、因以嬌辭挑之、遂與私焉、生盡囊槖於妓居、妓每朝呼乂鬟、附耳語、供饌極侈、生喜得佳偶、盡付鍵鑰、一日妓忽悄然不懌、生慰之曰情意漸踈耶、衣食不稱耶、妓曰某官、寵某妓、備給金簪綵衣、某官眞娼夫也、生曰此不難也、當從汝所欲、妓曰郞與同居、何用枉費契濶、生怒曰財我財也、用捨何關、卽買與之、又有一商、來賣雲紋錦緞、生罄其餘財、欲買之、妓佯止之曰美則美矣、脫有緩急奈何、生罵曰我在無憂、妓與乂鬟、持錦緞、乘昏逃去、生張燈獨坐、轉輾至曉、日高猶未至、生欲自具朝饔、檢其櫝槖則不留一分錢、生憤欲自裁、隣婆曰此娼家常態、郞固不覺、每朝密語乂鬟者、潛徙財賄也、稱譽他人者、欲使郞君激奮而効之也、其終也、來賣錦緞者、潛娛所私者、傾奪餘財也、生甚恚曰若見其妖兒、一杖打殺、倒脫衣襪、遂伺於教坊道側、妓領其僚數十、喧譁而過、生持杖突前曰妖祟妖祟、汝雖娼女、何忍爲此、亟還吾金簪綵緞、妓拍手大笑曰群娼、共來看了此癡漢、乃欲還推娼家貯物、群妓沓至、欲覩其貌、生羞赧回面、匿衆人中避之、生自此無賴、行乞於道、始達妻鄕、聘媼怒之、閉門麾之、生不能自存、遂乞食於閭里、人皆嗤笑。

太史公曰甚矣、尤物之惑人也、妖姿佞說、始以狐猸、嬌情節儉、中以固愛、奇謀詭

七

計、終以奪財、使生信而不疑、終至敗亡、噫苟不辨之於早拒、而遠之、能不入於陷人阬者幾希、可不愼哉。

癡奴護妾

有一士人、畜美妾、一日請歸寧、士欲得未識陰事者、護其行、呼群僕問曰爾等知玉門、在處乎、皆微笑不答、有一癡奴、外朴內黠、猝然對曰正在兩眉間、士喜其不知、卽令護行、至一川邊、妾令癡奴、解鞍暫息、癡奴裸浴川中、妾見其陽壯、戲之曰汝脚間肉槌、是何物、奴曰生時贅肉、漸凸、以至於斯、妾曰吾亦生時、脚間微凹、漸成深穴、凹凸相嚮、不亦樂乎、遂與之私、士旣送癡奴、猶不無疑、潛從山頂而覘之、妾與奴、翳林木、雲雨方濃、士恚深叫噪、而下曰方做甚事、ㄷㄷㄷㄷ、奴不能掩、遂探囊中、出錐子及繩端、俯仰作補綴之狀、士問是何事、奴泣且告曰娘子渡絕橋澗、馬邊墮落、小的奉審百體、一無所傷、唯臍下數寸許、豎坼一寸、深不可測、恐被風寒、卽欲補綴云、士喜曰誠哉、爾癡也、天生豎穴、愼勿擾之。

太史公曰知人、最難、大姦若忠、大詐若信、其癡奴之謂乎、苟使士人、正家以法、辨奸於早則必不啓癡奴之瀆亂矣、長於家而蔑其下者、其不知所戒哉。

菁父毒果

忠州野寺主僧、貪嗇無比、畜一沙彌、而不給食餘、常稱山家無漏、難以知更、畜鷄數隻、取卵烹之、俟沙彌睡熟、獨食之、沙彌佯若不知、而問師所餤何物、答曰蔓菁根也、一日僧睡覺、呼沙彌曰夜如何、其時曉鷄拊翼、嘐々而鳴、沙彌欠伸而對曰今夜已闌、蔓菁根父、已叫矣、且園柿爛熟、僧摘之、藏于柿籠、置之樑上、每喉渴則吮之、沙彌問何物、僧曰是乃毒果、兒曹食之、爛舌死矣、以專出他、令沙彌看護丈室、沙彌以竹竿、鈎下樑上籠、恣意喫之、以茶碾、擊碎蜜甕、即上樹以待僧還、僧還覗、蜜汁滿室、柿籠委地、僧怒之、荷杖傍樹曰急下ㄷㄷ、沙彌曰小子不敏、適運茶碾、誤破蜜甕、惶懼願死、欲縊則無繩、欲刎則無刃、一籠毒果、喫之已盡、頑性不滅、來上本樹、以待一死、僧笑而釋之。

太史公曰拊少以恩則少必懷其仁、待少以誠則少必服其信、老髡仁信俱失、宜其見斯於沙彌也。

緊頸住持

甄萱古都、有金山寺、籍婢烟花爲名者、最溜巧、屢中人、宗長慧能、忿然曰吾曹嚴守戒律、安爲一女子所俛、卽戒飭諸僧、只令男子、供饌澣衣、道場淸肅、一日慧能出沙門、適臨烟火所居、烟花從離隙覘之、乃曰羯獠埸與耳、其諸娚曰汝能慢此師則當以田土、盡付、烟花曰諾、明日我當繫頸羯獠於寺前大樹下、君輩來待之、遂辦髮雄服、挾孝經以進、慧能見其美、問曰汝誰氏子、烟花曰某住近士子也、受業於前番住持、廢學已久、敢此禮謁、慧能使前、讀其前、所受經文、句讀分明、琅然可聽、慧能喜曰可教、因留宿、烟花佯作譫語、慧能喚之、使致臥內、乃嫣然女子也、慧能驚曰此何爲哉、烟花曰我卽烟花也、男女之欲、乃天地生物之心、昔阿難、迷於摩登羅漢、墮於雲間、況師不及二子者乎、慧能聞其言曰寃家ㄷㄷ、毀我戒體、遂與之綢繆、烟花佯爲腹痛、叫聲聞外、慧能恐被人知、但以口合口、吞聲防護、烟花曰病劇、可於夜暗、負我置諸門前大樹下、天明、當匍匐歸家、慧能負之、令烟花引兩手、抱其頸、終出方丈、兩手解弛墮地、呼痛曰腹脹背急、手握難固、可解腰帶、圍師項前則兩手把定、庶不墮矣、慧能如其言、至樹下、諸娚已坐待矣、慧能蒼黃之際、烟花翻然起立、卽絞其項、引至娚前曰此非繫頸羯獠乎、諸娚遊視大驚、盡以田土付之。

太史公曰人之內多慾、而外施仁義者、比其終也、鮮不敗露、慧能之守戒、而檢身也、似可以超色相、而參佛祖也、卒中於烟花之巧計、禪心席徹、陷於慾浪、而不自訣、其與世之沽名矯節之類、竟至淪溺於宦海迷津者、奚異哉、良可笑也。

禦眠楯

禦眠楯

宋世琳 著

禦眠楯序

先生吾仲氏也、名世琳、字獻仲、出入孝悌、餘力學文、負名、當世而取重於儒林、年甫弱冠、並捷司馬、越三載擢登魁科、材器夙成、溫醇律度、鵬途如濶、方有遠大之期、忽構柴毀之疾、因以晦跡、得脫廢朝之網、自號醉隱、退養江湖、思欲以補閑而亡害、亂採摭村話之可以破眠者、託爲孟浪之辭、著若干百言、名之曰禦眠楯、其間史臣之論陽華秋露、戒衰世人心、先生之寓意於斯者、不在滑稽而實欲扶名教一端、其志微矣、古之賢達、有托於麴蘖而昏冥之逃者、有誇多鬪靡而紛戲著者、是不過爲清虛之累而浮誕之歸爾、何足取哉、豫以鹵莽、漸染嘉訓、仍承國恩、忝從諸卿之後、濫提藝閣、親見印書之便、旋懷爲私之念、搜家藏、得此一秩、給諸工糧資材、著作金鎔、日供例役之餘、投間挾印、以圖廣布、爲先不朽之計則得矣、假公行私之責、終難道矣、功訖、披閱不覺飛錄、壷山君宋世珩謹識。

目次

林郎敎篇

古阜郡有景上舍者、有女踰笄、聘扶安林氏子爲婿、花燭之夜、林適腫發臍下、不講雲雨、僅經三日、景密問女曰郎君解事否、女低泣不答、景訝殘質、或爲嫪毒所傷、令娣女遂問之、女執娣手、失聲慟曰欺我者爺孃歟、郎君眞一刑人也、景大駭曰事且急矣、郎走猶于大林曰賢胤入丈三日、不行男事、無後丁寧、痛惜、大林答曰子息之物、何時見乎、前日石橋捉魚時暫見、左手掬之則右贅餘、右手掬之則左贅餘、況隣居金護軍妳子莫德、作妾、二娚妹產長、千萬勿疑、但其日犯立賓方出行故也、來則當大責、景且讀且喜、且語室人、室人曰書則然矣、衾裯無驗、何且安知、彼爲子諱、景亦然之、低項嗟悼、景舊婿姓禹、頗龐狂、語舅姑曰比間、見兩尊有不豫色、敢請所以、舅姑愀然曰君入我門久、無間己乎、寧少隱然、新婿作婚三日、大欠人道、闔門喪望、無可奈何、禹張目攘臂曰是不難、我當驗之、林郎歸寧數日乃還、禹屏息門左、瞰入戶、猝胡仆地、遽捫陽道、果壯偉、禹疾呼曰舅乎姑乎、新婦氏有福哉、林郎之物、致篤哉、乃搖拳以證之、亭昏、景穴窓重足、親聽所爲、林郎、臍瘡已完、又受家責、喜憤交切、雄雲壯雨、合歡方洽、景顚仆抵內、呼室人不覺倒語曰澄盞酌酒、湯罐點火、郞今做事、做事、架上荊籠中紅柿、火速取進取進、室人雀躍曰頭昔藏紅柿也、卿頗慳我、我之藏之、正欲沃這今渴喉、卽躡女奴背、下之、籠太重力蹬、不覺放氣、癡退、杖女奴、要逭己放、景奪棒止之曰事出追遽、奚罪婢、況諺以合巹日、新婦放氣、猶謂福徵、今一婢放氣、焉知不爲福乎、室人撫掌大笑曰誠爾、非渠所放、實吾放也、福哉吾女、福哉吾女。

史臣曰甚矣、景之女之慾、林之子之愚也、怒數夕之乖、遽泣以刑人、憤乃父之責、遽示以雲雨、彼之泣婬、此之云愚也、當禹之仆而捫也、憤足以浮於父責、爲郞計、莫如檢速、退臥以試新夫之態、脫有七去之第三、則大丈夫一身、安往而不適哉、奈何遽卽講歡、似欲免夫刑人之誚、至使狂鼻倒語、弱姑放氣耶、噫諺曰見客、客瓢以饋飯、見主、容手以喫飯、又云嗜睡者善眠家、良是夫、良是婦。

程景善卜

古阜郡有吳生、娶良家女、奇愛異待、季春間女浣于川、値景物芬芳、四顧無人、神蕩難禁、眄一石、長可盈數拳、稜而滑、取納陰中、任情抽送、興酣失限、不覺深楦、要以指拔石、滑難鉤、要將壓吐、岸痛不可忍、百計無方、輟業而還、憂形於色、生問所由、女不能隱、欲獻曰我思想郎君、失於自持、忽見一石、酷類于肉具、將欲較同異、屈伸揆畫、誤陷凹內、子雖郎君、言之良可、忸怩、生曰異哉事乎、儂亦閒坐幽房、撫君餅盃、情鬱無聊、忽見床下有灸缸、口窄鮮潔、似君玉門、儂亦較之、戲以左右嫛丸、先實之、口窄難出、欲碎也則這器硬利、傷丸可怕、是以龜縮罔措、遂相持痛哭、說盲者程景、卜之、景性滑稽多機、佯駭曰厄哉、此是磁石勤王、救在讀經、不宜少緩、僕在弊寓、讀訖、當親詣鎮焉、馬糧三斛、馬太五斛、即今遣來、生罄素畜致之、景明日往、令玉門傳缸、瞑目坐不動、密令隨童、造紙尖、鍼女鼻、女連噓再三、石忽跳出、掠缸便剖、遂獲兩全、而竟不知墮於術中。

史臣曰夫婦、以正聖訓也、苟不正、禽犢也、吳家夫婦、性淫行穢、言之醜也、曾不知愧、就日者卜、日者目雖盲、心則不盲、定乎籌以術、而困其財也。

五子嘲父

有人、有五子、五子謀曰、爺孃、有吾五子、而尚不倦同衾、設令生兒、必令吾輩抱負、便利汚穢、何可堪也、莫若分吾五人、各守一更、長坐不睡、俾不得相合、庶免斯苦矣、遂如約不替、翁婦頗難之、守五更者、最稚嗜眠、翁婦候隙、臥而北合、覺之大呼曰母乎、母乎夜未艾、幾負吾父、將安之。翁婦無如何、詰明、遣五子牧牛馬。五子辭出不往、屏息窓外、狙聽所爲、翁夫將誑高唐、各進婿語、翁捫婦兩肩、這何物、對曰所謂、八字門、眼曰何、曰望夫泉、鼻曰何、曰甘辛峴、口曰何、曰吐呑窟、頤曰何、曰舍人岩、乳曰何、曰双嶺、腹曰何、曰遊船串、岸曰何、曰玉門山、毛曰何、曰甘草田、玉門曰何、曰溫井、婦旋撫翁陽莖曰這何物、對曰所謂朱常侍、囊丸曰何、曰紅同氏兄弟、言未已、五子皆款入、翁赧而出、遂叱曰老狗子、予教爾終日牧、胡去卽返、五子曰寃哉、受叱也、牧之旣飽、浴之旣休、間關歷險、不此之憩、乃返謁爲、翁疾聲罵曰去未半餉、何地牧、何水浴、何處休、而誑我至此、五子齊應曰初由八字門而出、過望夫泉、甘辛峴、歷吐呑窟、舍人岩、艱蹄双嶺、越遊船串、登玉門山、秣甘草田、浴于溫井水、翁尤怒、持大棒逐之、曰誰有見者乎、五子走且應曰寧無見乎、朱常侍、紅同氏兄弟、可以爲證矣。

史臣曰愛而嚴、愛子之道、愛而敬、愛父之道、不嚴、犬愛之也、不敬、獸愛之也、觀五子嘲父、父之先失愛子之道、可知、然爲子之道、不可以父不嚴、而不敬也、五刑之屬、三千、不孝爲大、而五子罪準五刑、死尚餘辜矣。

新婿黃鶯

有新婿、性愚騃、不解人道、一日詢諸密友曰玉門、是如何物、友曰岸有黑毛、兩絃赤者是、婿領之、夜旣入、月光微漏、潛展內宮、見有岸黑、絃赤者、猝前納莖、實夫翁口也、翁驚覺、婿拔走、坎飯廳、供床下、裸身屛立、翁呼女叱曰葦鳥食鹽、置底處不謹守耶、猫兒竊啣、掠苦口去矣、持大棒索之、至供床下、適以手捫婿玉莖、莖頭口延、尙冷、翁大聲語曰明朝、吾甕不食矣、廧醬莫放、鼻液着之、婿逃還寢所、明朝語友曰子言妄也、予驗之非也、友曰若爾絶紅者是、婿夜見廳事、隱有紅色、又前納莖焉、實女奴刷布炭也、莖根爛燦、痛徹心腹、走抵園中芥花間、斜行不止、花爲火氣所粘、被莖無數、明朝遺尿積稍間、俯視莖、莖踞坐、爪擦花瓣、其婦姑自外入、適見之、還呼新郞、新郞、婿捉而走、姑就內、語爺曰甚矣、愛他人子、都是虛也、吾適見黃郞、執黃鶯去羽、要許小兒止啼、終呼新郞、便匿而遁、甚矣、愛他人子、都是虛也。

史臣曰取友必端、擇婿必謹、古語也、取不端、擇不正、終敗天倫者、必多矣、翁啣婿莖、婿擦黃花、要其姑、未必不由、取不端、擇不謹矣、然於不辨食鹽之翁、不知良知之婿、無是責矣、獨甚夫、友之誤友也、如是也。

二〇

竊妻誑夫

有無賴子竊人之妻，常瞰夫他適，穴壁納莖，女從內兩手據地，俯而北合，日以爲恒，一日，女出外，夫抱小兒獨坐，無賴子誤認女在內納莖，兒蹴父，指之曰父乎，頗見吾母掛玉門朱材乎，夫猝前拉之，索刀急，無賴子憫甚，潛自語，佯聞之曰以刀斷之，尚有餘根，猶可復用，其如放鼻液執之，何若爾併其根腐脫，將焉用哉，仍吞聲嗚咽，夫果然之，旋放鼻液，和執之，莖甚滑，拔而走。

史臣曰甚矣，奸徒之詐也，苟不明智以燭之，逆情而揉之，鮮有不陷於術中，安有鼻髓而能腐人莖者耶，宜乎縱賊，而未攄其忿也，甚矣，愚詐之懸絕，如是也。

女葯黠漢

村有寡婦，畜一漢，年可十七八，內黠外癡，値蚕月，欲携往採桑，恐或亂之，試問曰汝知所謂玉門乎，漢曰我能知之，朝前洗手時，轟雷飛過者是也，女信其愚，偕詣深山，令漢升摘，纔升丈餘，佯失足墮地，瞑目若絕，呼號求救，女蒼黃罔措，拊壁而已，漢呑聲語曰此山外，有蒙面醫，屛人獨坐，盍往問之，女幸甚，尋抵山外，漢從徑路，先至岩底、被青袂端坐、女就拜問之、醫曰其人必傷胃、胃乃一身之主、已敗身且危、我當命神葯、顧不審寡婦肯否、女曰病可愈、惟命是從、醫曰寡婦開玉門、豁草莽、令其人、醫胃根、薰其氣、立愈、女頷而去、漢徑還外地、哀號如前、女就語所以、漢曰小人、有死而已、安忍爲此、女曰汝若死、吾家契濶、誰可賴耶、況只薰其氣乎、遂大臥林間、以柔莖、翳陰、命薰之、漢披胃根、置門戶、作氣撞岸、女慾火、大熾、以掌擊漢臀曰何物蝨蠅、嚙我、病漢胃根已陷、遂與之講歡。

史臣曰先儒云大奸、似忠、大詐若信、癡漢之謂矣、然則觀寡女擊臀講歡、安如初之試問玉門也、已愈禽犢之欲、而故以此問、欲免當時、在傍者之疑也、二者之罪、俱不可赦也。

朱將軍傳

將軍諱、猛、字仰之、其先、閬州人也、遠祖剛事孔甲、掌南方、朱烏曆象之官、出納惟允、孔甲嘉之、賜甘泉郡、爲湯沐邑、子孫因家焉、考諱熾、歷事十朝、官至中郎將、妣陰氏、貫朱涯縣、大曆十一年、生猛、猛稟形絕凡、只箇一目竪額、性强項、筋力過人、有怒、鬚髯輒張勃勃、露其筋、長揖不屈、然猶能恭謹、隨時低昂、常着土紅頷領、雖降寒盛暑、不解、又善彈丸、出入、盛兩蘗于紅囊、暫不去身、世號獨眼龍、隣有妓、掌中仙、五脂香、猛悅之、幷私之、兩妓發妬、交相奉猛、猛目背幾裂、涕泗沾衣、然且甘受戲曰一日不遵汝筝、鄙吝復萠、鬪者嬉之、猛悔悟折節勵氣、坦懷凜凜、河亶甲卽位三年、齊郡刺史桓榮、河亶甲桓榮方言淫娼之稱奏言郡底、舊有發池泉、甘而土肥、頃緣旱涸、其池盡赤、往往有濕氣、上湫濕而翠結、願陛下、亟遣朝臣、開諭地神、督役深鑿、俾舊澤下流則非徒不失其本、凡有血氣者、雖匹婦、孰不歆ㄷ然知感哉、可其奏、而難人歷、咨群臣、濕陽府、經歷朱洮、薦猛可用、王曰諺曰目不正則心不正、又云惡土不毛、鬪猛也頭童而眼竪、是可恨也、洮、免冠頓首曰古昔賢君、猶不以二卵、棄干城之將、豈可以一容貌未稱、遽捨之耶、王默然良久曰卿言、是、但猛縮頭深林、韜光孕精、猶恐見之於人、其背篇肸起耶、洮曰、猛性兼剛柔、出神威於河外、雖猛起之咆哮、入屈節於河內、若四體之無骨、倘陛下、赤心力請、其何說之辭、王趣令洮、卜日奉幣而往、猛欣然就徵、王大喜、立拜折衝將軍、充發池疏鑿、使猛鬪命、不宿而行、先是尼城人、麥孝同、諺云淫尼用麥屑造肉具狀、名麥孝同私畫方略、欲效疏浚之力、聞將軍至、慚赧而退、將軍周視四方、因撫髯朶頭而言曰一此地、北峙玉門山、南連黃金窟、東西赤岸、回互中、有一岩、形肖柿仁、眞術家、所謂要衝之地、赤龍含珠勢也、固非力孱者、所難成功」遂條陳形勢、上表。其略曰「臣猛、承先祖之餘烈、荷聖主之鴻恩、折衝千里、效死一節、豈憚久勞于外、期至成功後已、身到甘泉郡中、遽敢企形、生入玉門關中、惟日望之」王覽表、玩味不已、顯書褒美曰西方（西方俗所謂書房也）之事、屬之卿矣、卿其勗哉、猛奉詔、叩頭挺身獨當、或踰或浚、或出半面、或露全體、屈伸俯仰、更出迭入、竭娲盡力、期至於必死、役未半、始有清泉、數派、流洒不絕、俄頃、濁潮暴湧、全島墊溺、林莽覆沒、將軍濡首露體、植立自如、不動一髮、適有蝨生、蚤生、皆共避爪氏之患（爪氏方言指甲之稱）、隱于林下、亦爲暴潮、所漂流、寓黃金宿、訴于宿神、哀號求救、宿神竪口而詩之曰比來走躍、亦遭此患、屢矣、而感彼髑髏之惠、囊括不言者久矣、今當爲二子闘止之、蚤生等踴躍曰此生、死而肉骨者也、宿神、往詰池神曰爾家甚客、常懸二丸發于我門、出入無恒、始疎終數、淋漓我庭戶、亂擊我門扉、乃敢狂卒如是、池神謝曰客粗主柔、累辱尊神、今爲尊神當懲之、夜方午、池神伺將軍力役、潛嚙其頭、又劾兩岸神、夾攻、將軍氣竭、流骨髓數匙、垂頭而卒、訃聞、王震悼罷朝、特賜長剛直效死弘力功臣號、以禮葬于褌州、後有人見將軍脫帽露頂、恒遊於寶池中、抑不生不滅、學牟尼之道者歟。

史臣曰將軍早稟服人之力、奮起草萊之中、出萬死計、深入不毛之地、殫精施澤、澤之入人也、深十載滲血之功、一朝廼成、可謂植根固而發源深也、雖竟爲池神所誤、殞命於一噓氣之間、夷攷其行事之跡、可謂能勇而能恤、殺身而成人者也、嗚呼烈哉。

處女擇良

村民、有美女、性聰慧、解屬文、同郡有四漢圖婚、一業文、屢捷白戰、一藝武、咸稱將材、一巨富、堤下、有良田、千頃、一行尸、徒壁、而陽道剛壯、嘗以亂石、盛紬囊、掛陽頭作氣、奮激能過其首、希孃難斷、取決于女、女低鬟書一絕曰「文章自古堪招禍、武士由來戰死亡、堤下良田應水損、石囊過首我心嘗。」

淫婆祝風

有一村夫、性好滛褻、奸厭婦無度、萬般試之、婦且成習、轉爲滛婆、一日偶縛而私之、雲雨未散、火忽連屋、村夫蒼黃、未暇解縛、猝置于槐柯間、隣寺有數僧、來視火、村夫乞救、僧應之、要置所揮團扇、仰視樹間、有一孔窣洞、乃揷之、直箇滛婆玉門也、適微風掀扇、扇柄、烏竹促節、搖磨玉門、婆酣甚祝曰風乎ヒヒ、已爇之家、救無及矣、吹之ㄷㄷ、願無間斷。

嘆客該博

或問客曰猫喉間、有噎症、何也、對曰昔有一人、陽道甚偉、得新婦難合、刀削之、猫適在其側、盡啗其削肉、洽相合、新婦頗有不滿之意、扼猫項、索肉甚急、猫不能出息、遂得噎證、以此雜種、皆如是耳、或又問曰女嘗遺尿、常有呼匙聲、何也、昔有一僧聞玉門、味甘、欲一嘗之、一日持鉢、下山、逢一女不甚拒、擬聽所欲、僧披覩玉門、解裝具、女意、或索葯、因大臥觀其所爲、僧出鉢、端坐、讀食經訖、持漆匙、挹玉門嘗之、頗無甘味、僧料必味藏深底、植匙、力挹之、匙項遽折、因在玉門中、故有此聲矣、或嘆其該博。

食暮盜

有一女掘暮山門、裸裎俯立、狂生見玉門微露、秘跡而前、遽納玉莖、女驚蹶呼曰、盜殺我、盜殺我、狂生不捨、俯仰雲雨酣暢、女流眄顧語曰盜乎、食暮、盜乎食暮。

校生已瘧

古阜郡、有校生、姓朴、貌醜雖近、有妓、滿園紅、艶麗、心欣已久、莫能爲計、適紅娘、患瘧半年、百方無驗、生誇於衆曰吾有一技、唯瘧一事、百不一失、卑人信之、喧相傳播、紅娘聞、往之請一瘥、生初若固讓、請甚牢、則曰若爾、一從吾所教、明日凌晨、取竹杖、長可三四尺、孔兩端、緊繫繩、各一尺許、持詣城隍祠前、候我可也、紅娘領去、明曉、生往祠前則紅娘已先在矣、生令置杖於地、枕扶臥、遂束手腕于兩端、解裙、譎歡、任情無禁、紅娘含憤痛哭、竟莫能辭、瘧神亦遁、聞者捧腹。

斫鼈頭

有一朝官、喜戲梨園、室人、劇妬、朝官患之、一日袖鼈頭、就內、室人、又勃磎、朝官佯憤大語曰凡男兒被妬、皆由阿物、如非阿物、必有是患、遂索刀奄斫鳥之狀、卽投鼈頭于庭、室人大呼而前、把腰痛哭、我縱妬悍、胡至此耶、乳媼、走就庭中、遂視疾呼曰這物二眼、而色斑、必非陽物、勿驚勿憂、室人大笑、不復妬。

虎怯熊毛

小獵。有富家老。嘗乘昏。周視內外。戒廐僕曰山間暗夜。虎。住之。所怕。其愼之。注之。蓋倚人。假形爲戲者也。適有一虎。蹲廐外。聽之。自解曰虎則我。所謂注之。是何物。夜入廐。噬殺牛馬。既飽獨立。有盜就廐。謂虎爲馬。絡其首。騎而遁。虎亦料必注之。低頭喪氣。一聽所之。經林越壑。步驟迅邁。盜喜得良駿。執轡揚揚。黎明俯視。斑駁一大虎也。盜驚心褫魄。見道傍老樹矮斷。其中空洞。急投而陷匿。虎亦喜捨已。踊躍而走。遇一巨熊。熊怪其絡首。問曰山君。何爲此狀。虎曰爲注之所困。幾不得脫。幸賴天眷。使彼陷樹中。僅全一命耳。熊大憤曰山林猛骨。惟子。與我。安有注之。我當磔之。就樹俯視曰殲爾小醜。不勞爪牙。當令塞氣自斃。卽以臀閉穴。踞坐。盜自分必死。仰視熊臀䙲。垂垩几匕。盜急解腰間熟繩。縮而引之。熊吼聲動地。虎曰此非注之乎。仍不顧而奔。適有菜婦數人。裸浴川中。見虎來。蒼黃無計。走抵林間。俯身而立。虎視玉門北露。陰毛森鬱。尤惶怖疾走曰彼必食大熊者也。口吻間。尙留熊毛矣。

非指村

闕西有非指村、昔有一客值蠶月、方求採桑、闖一富家、有桑樹蒙密、潛就樹底、長蔴翳欝、環其樹數匝、坦夷若有人往來跡、其人意謂群兒遊戲處、升樹匿交柯中、摘乳、俄有一漢、自外蒼黃直抵樹下、倚立彷徨、長嘯數聲、其人莫測、屏氣俟之、已而有一美女、年可二十許、姿容殊麗、將一器酒一楪肴、自富家忙遽秘跡、走抵漢所、漢不暇飲酒、先卽奸之、雲雨纔散、交頸而坐、女語漢曰相愛之間、當示肺腑、我當啣君玉莖、君亦啣我玉門否、漢曰諾、卽露玉莖、女就啣之、女旋視玉門、漢熟視曰玉門凹陷難啣、納我長指、抽而啣之、當無闕矣、女曰諾、漢卽納長指、抽而視之、淫液淋漓、頗難之、匿其指、卽啣他指、女怒曰君不若我矣、此非其指也、漢曰是、遂相詰、其客在樹上、以指俯而指之曰彼指則是、此指則非也、漢惶怖顚仆而遁、其客卽下樹、執其女奸之、盡啗其酒肴、摘桑盈筐而返、故村之得名、蓋由此也。

莖指異味

有一媪、值盛暑、着弊褌、俯立浣濯、適有村漢至、見牝口微露裳間、不堪淫熾、秘跡而趨，遽納莖，旋抽而走，嫗持挺逐曰老狗子，何得如是，漢顧謂曰嫗乎嫗乎，非玉莖，乃是大指也，嫗罵曰爾無誑我，如爾足指，固三間閣廊，尙有醲酣味也。

負釜跡盜

有一行商，假宿人家，聞家主講歡聲，呼主問曰方做何事，主遽應曰與家人暫戲耳，商曰雲雨之品有二，深植久弄，令人消骨爲上，激聲乍煩，容易放泄爲下，主女聞是語，心頗念之，佯作夢魘，蹴夫覺曰吾夢不爽，夢見粟田爲猪喫盡，若夷此粟，生涯央在耳，盍往見，夫信之，腰箭徑往，女呼商曰消骨客，胡惄然耶，商就淫之，歡情密洽，女惑甚，即罄持家具，共商遁，就道旣遠，意謂竊人妻，併其家産，後虞可怕，語女曰今往誠樂矣，第恨道中無炊器，若宜往將鑪鼎來，我當候于此，女然之，還家索鑪鼎，戴而出，及遇其夫，彼詰甚固，女曰夜間假宿者，伺我睡熟，盡盜家財，我往卜之，客乃金屬人，持金物，跡之可得云，故如是，夫愕然曰若爾，我亦不跡乎，乃負鼎偕往，尋之不得。

鹽商觸聾

有一聾者、道值日暮、假宿人家、俄又一鹽商、投宿、與聾共床、而未知其聾也、夜既深、主夫婦講歡、鹽商聽雲雨聲、肘聾者令聞之、聾者以謂偶肘、不之詰、亭曉、主夫婦又講歡、鹽商更肘之、聾者大怒、疾聲罵曰老狗者、昏既觸之、曉更觸耶、主家誤認詆已、持大棒逐之、曰夫婦間事、非汝客所得知、亂擊不已、聾者竟不知其何故、棄其行具而走。

妻不欲尊

有士子喜狎妓、室人語士子曰男兒之溺室人、而溺娼兒何故、士子曰室人有相敬相別之義、可尊而不可狎、至於娼兒、逞情縱慾、淫戲昵翫、無所不至、敬則踈、昵則親、理之然也、室人勃然曰吾欲尊乎、吾欲別乎、亂擊不已。

新婦多福

有一新婦、初謁舅姑、濃粧盛飾、親戚傍觀、嘖嘖稱歎、新婦斂容改坐、不覺放氣、姑氏不欲赧之、遂曰福哉、吾婦、老身新初謁時、亦如是、幸今子女滿堂、抵老無恙、此眞是福徵也、新婦答曰若閤下醮時、亦放氣、姑曰可謂豐福也、婦又曰褌底沾小許不潔、姑曰這是添添福也，滿座掩口。

新婿偸麵

一新郞，性愚騃，而善餔啜，作婚翌日，主家對飯者，勸麵，郞素不知麵之爲何物也，蒼黃顧眄，左右下箸，竟莫能下，夜問新婦曰所謂麵者何物，婦笑曰卿曾未嘗此物乎，郞深恨未喫，問曰內間麵尙存否，婦曰明朝要餉君，盛柳笥，置供廳架上，郞托如厠，抵供廳，探架上，觸笥失手，墮地有聲，郞猶不驚走，隨拾隨喫，主翁謂盜也，奄出猝胡，急呼燃燈，婦意其夫郞，走抵厨下，佯未燃燈曰睡餘嘘弱，不能吹火，女當執盜，大人燃之，翁適吹之，婦推遣其夫，適有犬就前搖尾，婦拏狗項曰大人這非盜，乃犬也，翁照火恠之曰我執時定謂人，乃反爲狗，郞匿厩間，望見，不覺失笑，婦笑曰牛亦笑矣，翁唯唯而入。

村奴馬戲

村家有奴，偕妻往耘數頃田，積日持久，主翁恠之，一日往視，田中大樹下數席許，足跡交踏，去秀未半，翁於明曉，先上樹，屛于蒙密中，覘其所爲，奴與妻，至樹下，各赤身就耘、纔半餉、女呼夫曰作戲若何、夫曰諾、女俯立、踶足作牝馬態、夫兩手據地、馳似牡馬、就嗅玉門、作牡馬笑、回顧反唇、適見樹上、主翁蹲坐、奴惶駭而走、女不知所以、踶作馬聲曰臨用那裡去、奴又作馬聲曰臨用見樹上。臨用方言馬戲辭

禦眠楯跋

士之抱才器、而未施於時者、必遊戲於小說、以寓其意、覽者徒知滑稽於文、而不究其旨則何足以觀人乎、醉隱先生有當世重名、纔踰弱冠、便捷甦科、可謂才且器矣、不幸嬰疾、屏居田里、繼以甲子之禍、遂絕意人世、可謂未施於時矣、將息之餘、收拾村野戲談、著爲一錄、摠八十有二款、或附其議斷、或只叙其事、雖本於遊戲、而勸戒之意實寓乎其中、始自湖南、流傳京師、讀之者刮目解頤、不覺擊節忘倦、豈止禦眠魔而已哉、噫使先生、誅奸發潛於史局、刱章論事於諫院、其或揮翰玉堂、倚馬戎幕、濡染大筆、以擒其華藻則奚事是錄哉、先生之才既不時、施其所遣、後者不過些毫芒然、亦因是可知有是具、而不竟其用、未必不爲用人者之戒矣、先生之季、今都憲、宋公獻叔、謀印、行以廣於世、以跋屬余、ㄷ不敢辭、遂識梗槩如右云、湖陰　鄭士龍跋

續禦眠楯

續禦眠楯

雙泉 成汝學 著

目次

飜句增笑　陰變爲陽
癡郎失穴　投職好名
女言滋味　妻妾同房
母誰稚女　戶長誇妻
閱過背失　五妙動心
土室環行　十格傳術
兩客相嘲　水口羅星
負僧焉往　續禦眠楯跋洪瑞處
女請再疵

村女聯句

古有村女三人、夜坐論懷、一女曰吾輩長事蠶織、未得一日之閑、當此良宵、豈可無聯句、皆曰諾、適聞庭樹、有杜鵑聲、三人相謂曰吾輩當以禽聲、作詩、一女先唱五言一句曰禽言恨蜀小、兩女問曰何謂蜀小、答曰曾聞蜀以國小而亡、其帝、化爲是禽、常恨蜀小故、其聲如此、一女曰詩當言志、何必引用古事、因吟一句曰禽言恨鼎小、兩人問白何爲鼎小、答曰吾鼎常小、此禽似言鼎小故云耳、一女繼吟一句曰禽言恨陽小、兩女問曰何謂陽小、答曰吾夫陽小、此禽作言陽小故云耳、蓋杜鵑聲、或似謂蜀小、或似謂鼎小、或似謂陽小故、三女各以私意認禽言也、又有林女七人、共遊於溪澗之濱、時當三月、諸女相謂曰如此佳節、吾輩雖女人、不可無吟、宜用禽名、作聯句、咸曰諾、一女先唱一句曰聞鷽鳥嶺去郎君、一女繼吟一句曰適古欲見、(適古嶺南方言卽切欲之辭適字音與鷸字釋音同故也)一女人又吟一句曰翡翠衾裡、一女又吟一句曰鴛鴦枕上、一女又吟一句曰左之抱、右之坐、(俗語右字釋音、與鴨字釋音相似)一女又吟一句曰大鷺頭、相似陽頭、一女喜而鼓動、不覺猝呼曰、已酉(已酉俗語稱意喜悅之辭)諸女曰已酉乃方言、其如非禽名何、女語塞無以應、沉思良久曰酉者鷄也、鷄非禽類乎、諸女皆拍手、而笑曰君言是矣、

史臣曰諸女聯句、初出於遊戲、而鵑聲入耳、乃吟陽小、鷺頭、動心、猝呼已酉、豈非因物蕩情者耶、其以喩鷄、可謂倉卒善應。

四人逐客

有士醫僧妓四人、嘗與結契、輪回設酒會飮、有一名不知客、覘其日必來參、四人苦之、一日士謂三人曰吾輩以天地二十四、轉抑其餘吾不關等、十一字、入於詩中、各宿

搆一篇、若客復來、我當擧令曰今日宴會、用此十二字、各賦詩一章、如不能守者、雖契員、亦黜之、君輩宜應聲之、客必倉卒難成、因此逐之、妙術也、咸曰善、至飮日、客果復到、士如約擧令、先吟一詩曰天有天皇氏、地有地皇氏、三十四橋明月夜、韓詩柳詩、雜誦之、其餘功名富貴、吾不關、醫吟曰天有天南星、地有地骨皮、二十四山良葯捰、韓病柳病、皆治之、其餘病之差不差、吾不關、僧吟曰天有天堂、地有地獄、二十四齋、ㄷ佛曰、韓齋柳齋皆誦經、其餘福田來不來、吾不關、妓吟曰天有天仙、地有地仙、二十四紋、（俗以紋謂肛門之二十四）紋上穴、韓求柳求皆給之、其餘陽物大小長短、吾不關、客曰吾亦當續和、衆曰吾輩所作、皆用天地等十二字、君詩中若無此等字則不可忝也、客曰諾、即吟曰天有無名星、地有無名草、二十四令牛皮蒙、（俗以忘廉恥、無慚色者謂之面蒙牛皮）韓宴柳宴、皆忝之、其餘酒饌豐不豐、吾不關、衆遂不得逐。

史臣曰易曰不速之客三人、至三人不速、旦至、況一客乎、四人者各於分饌、設機關逐、固陋矣、計不售、而反屈於客、世之營名利、欲自尊者、知所戒矣。

三 女 檢 啞

新昌有三處女、父母俱沒、家業貧窶、無人願贅、伯仲季、皆年過二十餘、自傷失時、方春共遊園中，季曰世有男女之樂，所樂甚事，仲曰吾亦恠之，伯曰某婢，嗜夫可問，遂詰於婢，々笑曰言何容易，三女强之，婢曰男兩股間，有一肉槌，狀肖松茸，長可盈拳，其名曰凸，神變莫測，生々化々之功，皆由於此，小的未嘗一日捨也，三女合辭曰第言其詳，婢曰三小姐欲聞，小的何敢隱諸，因曰男以其凸，納女之凹，凹凸相啣，樂不可勝言，三女曰其樂如何，婢曰凸入凹中，磨上戛傍，意其促節也，令四肢無骨，如消如融，若生而不生，若死而不死，伯，沫流口角曰吾心漸迷，汝言宜休，三女仍相與謀曰倘逢丐啞，試觀凸狀，時村中一少年，適過墻外，聞三女語，欲誑戲，衣鶉持瓢，詣其家，叩口乞食，佯若啞者，三女喜之，引入曲房，脫其袴，露其凸，伯先摸曰此皮也，仲次摸曰肉也，季又摸曰骨也，蓋其陽，隨摸漸動也，三女環擁，左右互相把翫，凸忽作氣低昂，三人微笑曰這物，何做狂狀，少年握三女手，翻然起坐曰物本非狂，娘輩使之狂，々物宜揷娘凹中，三女色驚身顫，少年曰我發一聲，辱娘門戶，何敢回避，遂以次第交戲，窮一晝夜，天將曉，少年起而出戶，倦憊不能行，三女扶而遣之。

史臣曰甚矣，陰陽相感之速也，三女一聽婢言，其心易動，欲驗啞者之凸，卒汚其身陋矣，禮經最嚴，內外之別，聖賢戒愼之意，豈偶然哉。

賣空得魚

一魚商、持一大鯔、行賣於鄉村、高聲言曰若有女人、以肛門之上、玉門之下、兩界間許我陽具暫接者、願以魚獻之、有一勸農妻聞其言、心中語曰此是空地、許接無妨、遂綻其裈、縱而穴之、令魚商暫接、商於是捲女三幅裈、高撑其臀、出玉脚、挾之於兩脇、皓若蒲葵之白心、佩若北兵之樹、韃露其陽物、筋絡交横、若藤蘿之縈于木瓜樹、皮肉硬健、若僧鐵鉢之蓋于玉竹根、拂其色則半龍丹也、舒其襞則張雨傘也、兩手挽肩、有類蘇侍郎（蘇侍郎、鐵製農器名、有三枝內向、便於拏物者、）之拏物、當穴直撑、有似雄猫頭之迴風兩弦、堅滿則統營匠之刀鋒、抽送齊發則熟皮工之亂絲、鷄冠之襯粘、如着馬背之汗韉、肛門之開縮、若含胡椒之鼠口、勸農妻歡情既洽、遂抱持魚商、撫背而言曰今日交易、樂甚樂甚君須數來、求售、商諾之、留魚而去、而已、勸農者還、其妻以魚饋之、勸農問曰何從得之、妻語以賣空而得之、勸農大驚曰賣空則已、若跌入直地奈何、豈其食魚、必商之魚。

史臣曰魚商之借空、已料女人之耽聽、女人之許賣、固知必入於直地、可謂相交敗也、勸農者、猶認其不許直地、其有餓虎守匿而不嚙者乎。可謂絕痴也。

老妓判決

余嘗客于公山、有甲乙兩人、共論陰事、甲曰男子陰大、女必惑之、乙曰不然、女之所惑、惟在善御、不在大小、乙固辯之、甲無以詰、遂携乙而來、道其事、謂余曰幸片言析之、以斷吾訟也、余曰余非女也、安知女之所惑也、然吾嘗以古人、言證之、太史公呂不韋、求大陰人、嫪毒以其陰、貫銅輪而行、太后聞之、召與絕愛之、其他傳記所載、武后之大悅懷義、河間之甚適少年、爲其巨也、當以此決矣、甲喜、乙猶不屈、時有老妓過前、余招之、妓應命而來、余曰此兩人、方起訟、要余決之、此訟非男子所能斷、汝平生閱人甚多、可謂判決事、(判決事、我國之決訟官名也)乃以甲乙所爭、言之、妓笑曰此則小的辯之已熟、當以一言蔽之、仍顧乙曰壯陽植陰、女情已暢、子不知香閨六寶乎、仍誦曰一昂、二濕、三頭大、四莖長、五健作、六遲畢、誠能以頭大者、深植久弄、此俗所謂九千同、爲半價者也、子不信我、歸索大魚而食、大則其味雄深、乙語塞、妓笑謂余曰若以小的爲判決事、須記此語於後續錄、後續錄、即大典(大典東國律文也)續錄也、一座捧腹。

史臣曰前之所判、直以理推之而已、及老妓之所判、乃知其實情、世之執拗見而自謂善決者、未得實情而斷之以法也。

處女先習

有一處女、貌美而性不端、十四五歲時、其父母涓吉將醮之、一夕以事往隣家、隣家少年謔戲曰娘嫁日不遠、若不先習、猝逢新郎、大難ㄷㄷ、女聞而惧之曰子只言其難、幸願見教、少年曰此易ㄷ耳、因携入土宇而奸之、曰女具六喜、方可以助歡、女得幸、皆由於此、女曰何謂六喜、少年乃誦曰一窄、二溫、三嚙、四搖本、五甘唱、六速畢、此所謂男子六喜、娘所欠者、搖本甘唱、女曰我年幼未曉、願悉教之、少年曰此不可以言傳、遂再擧誨淫、女大悅、無夕不會、及嫁、郎犯之、女盡態搖本、恣意甘唱、郎知其已徑人、迺問所與私者、女佯泣不對、郎怒蹴之曰搖本甘唱、慣於迎合、是豈處女、卽拓戶而出、母責其女、女曰後家金書房、教我先習、母曰咄哉是兒、新郎非金書房、何不諱其前習、女曰當其興酣也、只認爲金書房、不覺他新郎也、聞者掩口。

史臣曰傳曰其本亂而末治者不矣、此女既已見污於行露、當其洞房新會之夜、不能隱其舊態、是以君子必愼其獨也。

蚩氓辨鹿

一村氓、得美婦愍之。一日臨出、慮或有奸、畫臥鹿於女之陰岸以標之、隣小瞰氓出、欲私之、女曰吾夫畫鹿以標、奈何、隣少曰此不難、吾當改畫、遂與交歡、誤畫立鹿而出、及夫還、審其畫、怒曰吾畫臥鹿、而此畫立鹿何也、女曰君不知物理、人亦有臥起、鹿焉能長臥、氓曰吾鹿、角臥而此鹿、角立何也、女曰鹿臥則角臥、鹿立則角立、此是常理、氓然之、撫其背曰吾婦、可謂達理者。

史臣曰甚矣、村氓之蚩蚩也、畫鹿自立、固非可欺之方、而迷心惑情、反讃其婦之達理、噫、世之蠱於尤物、大而亡其國、小而喪其身、終不覺悟者、與此氓何異哉。

灌夫人傳

灌夫人籍玉門、其考爲潁陰侯、其妣陰羅華、生夫人於岐山之陽、少有艶姿、紅顏赤唇、性且溫柔、大年得幸、封爲灌夫人、內助之力、實多、夫人罕言語、居常閉口、又慕比丘尼、月朔則必着衲衣、血誠念誦、以求佛力之陰隲、時有朱將軍名猛者、亦佛者流也、隱於叢林山中、禿頭强項、氣岸軒昂、獨眼頗似李克用、蓋天下力士也、將軍聞鷄冠山赤城中、有一小池、池溫沸、百疾皆瘳、貽書於池主灌夫人曰朱猛、叩頭再拜言、眇予不淑、聞香名久矣、身有瘙疹、願一沐浴、許溫湯、萬一得効、感戴夫人、請祝多男子、夫人報之曰陋居、雖凹濕、頃者天君使差主管、且有勅諭、毋涸池水、雖有將軍令、恐難副也、將軍覽畢、怒目瞿瞿、佛然而起、惟召閬州兩太守、至前聽令曰爾門爲我管下、庶幾一乃心力、破此城池、夜半自兩脚峯、循陰凌泉、馳八壁門、以挑水戰、夫人不勝憂惱、上疏於天君曰臣久居要衝之地、專幹陶鎔之責、天子、諸侯、良相、名將、皆由臣出、臣之功、豈曰小補之哉、今朱將軍、强戾多慾、膂力過人、無時突入、勢成蚌鷸、此實門庭之寇也、請加檢括、俾戢其暴、天君若曰臍中書、汝居山頂、可爲候望、將覘敵動靜、曰黃門郎、汝雖有口臭、素善吹鑼、敵若臨境、鳴鑼以報、曰毛瑟軍、汝領羽林衛、敵若犯闕、亂用黑索、繫頸以致、曰弦、汝爲防禦、敵若衝壁、協犯捕捉、無使脫走、曰閫、汝爲禦使、可用椎斧、敵若交鋒、打破頭腦、分排已畢、灌夫人開口吐血、稱謝不已、歃血同盟、約而力守、俄而將軍怒氣奮發、兎胃騰身、破開闢門、三進三奔、一依玉帳之術、坐作擊刺、必合龍韜之法、縱橫闔捭、所向無前、灌夫人邦本既搖、勢難抵當、請求於白水眞人、眞人曰將軍性急如火、進銳退速、莫圍而灌之、夫人如其計、激水浸之、將軍濡首露體、搬髯自得、竭盡死力、蹂躪內地、勞甚嘔血、倒戈而還、夫人口角流沫、大罵曰向與諸公、同承天君命、期得將軍頭、以報於天君、使將軍脫走、咎在諸公、卽具啓天君、天君卽召臍中書等四人、共議對狀、膀中書、先對曰臣潛伏峯頂、晝夜候望、將軍之動兵也、欲燃烽火則輒爲衮風所滅、此臣所以未及擧火也、黃門郞繼進曰臣常慮患、時時放砲、嚴備以待、將軍之入關也、將軍先以生皮囊、盛石兩塊、亂擊臣耳頰、使不得措手足、此臣所以未及吹鑼也、毛恭軍進對曰臣整齊羽林、持索以俟、將軍勇銳絕倫、或進或退、勢甚神速、以臣綿力、實難緊致、非臣不能盡心也、弦防禦、又進對曰臣等任北門之鎖鑰、唇齒相依、左右控弦、將軍馳入壁門、直犯內閫、左衝右突、神出鬼沒、渾身流汗、滑不能捉、以臣菲質、難可生擒、非臣不能用命也、閫御史、頂朱冠、兀然獨坐、頗有自矜之色曰將軍之深入力戰也、臣用朱亥故事、狙擊後腦、將軍流骨髓、出關斃、今日之功、臣不足多讓於人、天君曰汝之功大矣、卽命拜渴者僕射、常置夫人幕中、夫人亦愛其峭直、全委內事、及其老年、嘗一請謁、夫人以手撫頂曰惜乎、謁者已棄世矣、昔之渥丹、變成蒼黃、曩日尖銳、反爲冗長、欲與君、食肉富貴、共保其樂、烏可久耶、對曰臣居中用事、多歷年所、成功之下、不可久留、遂退居于赤岸兩谷間終焉、其嬰仍散、更不嫁、每令女孫、承其祀云。

史臣曰夫人之德、其至矣乎、溫潤之性、能使人心歸向、生殺之權、能與春秋匹美、開闔則順陰陽之理、含忍則有容物之度、其他承乾生成之德、有不可彈記、後有人作夫人小池詩一絕曰兩脚山中有小池、池南池北草離離、無風白浪驟大起、一目朱龍出入時、亦可謂實記也。

點婢鈎情

古有鄉村諸夫人、大會設宴、年少婦人、各擧杯獻于老婦、有盧姓人妻、凝粧盛飾、衣香襲人、奉酌而進、老婦執盃聞香而言曰老櫝子臭出矣、（老櫝子香木俗名也）蓋村婦未聞香臭、故乃以衣香爲老櫝臭、老櫝與盧哥音相同、子與燥、音相近故、少婦錯認老婦之譏己也、心甚愧之、沈思良久、以爲長者之言、不可不荅、乃發口言曰粃束臨行、年少郎君、戲出陽物、使我一握、而去故、果勉從之、是以有是臭也、諸婦正色曰婦人操行、貴於貞潔、此婦褻慢無禮、不可與同盃酒、仍出于座、盧家婦大慙、方欲退歸、其侍婢曰吾有一計、願小姐、無遽還、遂入跪于諸婦曰請得一言退、諸婦問其欲言、婢曰小的素識手紋一握陽物、顯有自露處、至於再握三握、益著難掩、不握則亦有自別、願遍視諸夫人手紋、諸婦人咸有懼然之色、縮手袖間、屛氣莫出、徐曰前言戲耳、小姐返于舊座。

史臣曰諸婦之擯斥盧婦、初出於恕己責人、而反鬪盧婢之詭辭、恐其敗露、然畏縮、其與世人陰爲不善、好言人過、而反自取敗者、奚以異哉、可戒也夫。

淫妾囚盜

有一人、送其妾歸寧、擇其奴癡騃、不識陰陽事者、問曰汝知玉門乎、對曰不知、適有飛蛾過前、奴即指之曰彼是玉門乎、主喜之、令護行、至一川、妾與奴並脫褌同渡、奴指妾玉門曰彼甚物也、妾曰此乃汝主囚陽之獄也、奴、勤其陽、掛鞋其頭、佯若負、妾指其陽曰鞋在這物頭、奴曰此乃鞋盜也、願借此獄囚之、女悅而從之。

史臣曰古語云、大奸似忠、其此奴之謂也、淫妾之脫褌同渡、已啓黠奴之慾、黠奴之掛鞋佯覓、亦揣淫妾之情、男女相賊、卒成穢行、何謂服上刑而有餘辜也。

詐痛要歡

有一村女、知其雇工之陽壯、心欲私之、未得其便、一日忽捧腹叫死、雇工微察其意、問曰主婦何痛、女曰吾腹冷痛也、雇工曰吾聞以熱腹、相猥、即愈、女曰阿兒之父、既出此言、無腹可猥、奈何、與其痛極而死、無寧煨汝腹而愈乎、雇工曰主婦有命、敢不惟從、第有男女之別嫌、內外不可無別、以木葉蔽陰戶而相煨可矣、女曰諾、即以木葉蔽之、使雇工煨其腹、不覺雇工之凸、已入凹中、女問木葉安在、汝凸遽入吾戶乎、雇工曰吾凸素強、其穿木葉、似強弩之射魯縞、仍與極歡、女曰爆腹果驗ㄷㄷ、腹痛已如失矣。

奐臣曰男女之奸、未有不先探其意而行之者、村女之痛腹、欲中雇工之願也、雇工之醫腹、已料主女之意也、兩人忘其名分、而肆慾無耻、可勝誅哉。

爲國做賢

僧禪坦、能文詞、善滑稽、名於世、然放浪不遵戒律、時關西娼、有色姸、工詩者、禪坦委訪娼、與之作詩酬唱、呼乙一不三字爲韻、禪坦隨呼輒應曰閤氏顔色眞甲乙、多情嬌態又第一、若逢此女幽暗處、鐵石腸肝安得不、娼見詩笑曰僧能御女乎、禪坦曰不爲也、非不能也、昔阿難、乃如來大弟子、而遇摩登、阿難非僧、摩登非女乎、娼戱曰然則師知陰事滋味乎、禪坦曰娘以我爲眞不知耶、禪家有極樂世界、我當脫娘之裙、擡娘之臀、挾娘之脚、貫娘之陰、極樂滋味、自在其中、此所謂極樂世界也、當其時也、娘必以我爲眞知矣　娼聞其言、心動流涎曰僧乎禿頭、解了ㄷㄷ、禪坦曰娘但知我上禿頭、不知我下禿頭、今可爲娘一試、卽擁而交之、娼聲短喘急、喉中作語曰師誑吾矣、師以活人爲主、而使吾幾死何也、禪坦曰佛法、神通、還度人生、是以亦能人死、亦能活人、言未已、有人覘其事、洞開戶而問曰師傚何事、禪坦猝應曰爲國做賢良、聞者齒冷。

史臣曰禪坦、以釋徒、恣意淫穢、信釋門之罪人、而敢以阿難爲證、學道則不師阿難、御道則竊自比之、其與世之欲掩其短處、而苟引前輩自況者一流也。

賴童免害

有年少學生、率單僮作行、投一村舍時、主家男出外、而女獨在、客窺其容色、頗艶、衣裳亦鮮、欲試其意、低聲戲之曰燥段阿ㄷㄷㄷ、燥者、陽物俗名、段阿者、與授之方言、蓋以授陽物爲戲也、女勃然怒、出告夫族曰來客、戲我以淫辭、盍往洩憤、諸族莫不憤怒、將欲毆打、各持大杖、聚門外噪曰何許客、敢辱村家少婦、吾當大杖打而逐之、客坐深房、未及知、僮見而惧之、奔告其主、且問曰吾主向主婦、有何褻慢、禍將不測奈何、主驚而告其戲褻之言、僮曰言既悖矣、取辱宜矣、須卽大聲呼小的曰燥段阿、則吾當應之、仍問秣馬致飽否、小的又對之、唯儘免禍之策、實在是矣、主如其言、疾呼燥段阿ㄷㄷㄷ、僮應聲曰唯、主又飭秣馬、僮又應曰諾、門外會者聞之、相顧而笑曰異哉僮名、輕聽少婦之妄言、幾乎辱兩班、遂散去。

史臣曰異哉、僮奴之黠也、倉卒應變、衆怒冰釋、其牖陋之主、脫禍而全安、紀信之出東門、亦不過此、使人主、有臣如是、何慶乎患難。

誑夫勸耕

古有一峽氓、懶於農、惟以牢睡消日、其妻悶之、當春晚、勸墾山田、夫不獲已、扶犁而往、妻備饌物、往餉之、其夫方挿犁於地、解衣而寢、妻喚而醒之、無責語、饋而還、明日又如之、越四日、妻多煎魚膠而往、乘甚睡熟、以膠塗其眼眩、于時烈日暴之、眼眩牢接、以杖叩其脛、作神語、大聲而責之曰我是臥葛大鳥俗名也直星、俗名雜神之稱也、我觀汝妻、盡力供餉、勸汝勤農、汝何惰其四肢、一向昏耗、吾乃致罰于汝、使爲盲人、汝其無悔耶、厥漢叩頭謝曰願自今、一革前非、請神、還賜旣盲之眼、妻又作神語曰誠如汝言、亦當恕宥、此去數十步許、有靈泉、就而洗之則眼復明矣、厥漢匍匐而往、探水而洗、膠解眼開、還卽力墾、其妻戴饁而來、佯喜曰夫君何前惰而後勤也、夫曰臥葛靈神、諭我勤作故爾、妻曰日已午、無乃飢乎、先食後犁可矣、夫曰神教至嚴、何敢少懈、日昃始食、日曛黑而還、翌曉夙興、將往于田、適有臥葛鳥、大叫而過、漢驚惧顚倒而出曰吾方往矣、願神、小恕、遂至役次、逐日勤作、因而得穀多、而家産饒。

史臣曰古者齊女勸其夫弋鳧雁、夫子遂取而錄之於詩矣、此女其知其昏惰之夫、難以口舌爭故、借神語而督過之、雖近於權數、其賢於買臣除道之婦則遠矣。

兩倅一癡

有一許姓人、甚癡而攣綠蹊遲、爲宰、其人一目眇、一脚蹇、口又喎斜、到官後、方營衙舍、有推鉅者、視其倅、不似官員、心悔之、出先聲唱之、令引鉅者和之、其語以滅祿阿、節祿阿、爲一節、以非汝陳、許哥者爲一節、而長其聲呼之、引鉅者之逐節應聲、終日如是、蓋滅祿者、諺語目眇之詆也、節祿者、蹇脚者之稱也、非汝陳者、口斜之謂也、許哥者、太守之姓也、主倅不知其嘲己也、稱其力役不已、夕入衙內、謂其妻曰役人、各能勤、而其中推鉅先聲者、呼之如此、引者和之如此、聽之可喜也、妻聞而罵之曰咄哉、此漢、嘲君病處、極其頑惡、可以痛懲而君反嘉其聲、何不明、若是也、仍嘖咶不已、守始悟曰然則信過甚明、當痛禁、翌日推鉅先聲者、又呼之如昨、太守招而語之曰役夫乎、毋更作此聲、室內使禁之矣、又有素貧賤無產業者、因其家世、得宰一邑、而不解文字、又不知諺文、到官後、潛奸邑婢、頗沈惑、厥妻作書詆之曰平生柴炭賣食之厶漢、調漢、阿瞶注里、ㄷㄷㄷㄷ妾瞶注里、是何學也、太守不能解其書、使陪童代讀、陪童不敢斥言、太守勒令直告、陪童不得已告之、太守怒叱其妻、仍令陪童代書以答曰一生豆泡實食之、此女、彼女、阿至巨里、ㄷㄷㄷㄷ、沙喰佛音五金及至巨里、亦何學也、陪童亦粗解諺書、而不能善書、大畫草書、字形亂如繩索、太守止之曰雖實豆落、不會盜繩索、ㄷ則勿畫之也、盖ㄙ漢、詷漢、醜詆男子之辭也、此女、彼女、怒叱女人之說也、阿喑注畢、阿至巨里、皆俗談也、沙喰、妬之釋也。

史臣曰此輩絕癡、不辨菽麥、何以臨民、其黍位冒據、不足誅、銓官之濫擬、都出於私、伯問之憒憒、世無得以見也、可嘅也夫。

黠女放馬

嶺南赴學生、騎雌馬上京、路遇一常漢、持肥雄馬、載少妻而行、其女頗有姿色、生慕之、問其夫曰底事往何地、其人對曰小的妻、以某宰家婢、受由下鄉、由滿還京耳、生曰今日夕站當到何處耶、對曰從日勢、投宿矣、生曰吾亦上京而行色孤單、與汝作伴同宿夕站可乎、對曰諾、及夕同入一站、繫兩馬于廄、而他行人之馬亦多矣、女入上房、士處下房、而其女對燈縫襪、其夫與奴及行人輩、在外飼馬、生以炒豆一掬、投于女裳、女不顧而對、久後、發裳拾豆、還投生前、生知其相應、而其夫將同宿、不敢生意、夜深後、奴輩及其夫睡方熟、生欲潛入而未敢、女會其意、托便旋出外、先放雌馬、盡解諸雄馬之鞚、還入滅燈而臥、俄而群馬、逐一牝馬、騰踔而去、馬主各自逐馬、倉黃而出、馬益驚奔、不可及矣、馬主皆遠去不還、女乘其隙、投入于生衾中、盡情繾綣、極其歡暱、臨曉、乃還臥於初臥之處、其夫捉馬方還、不知其妻、已與生結歡矣。

史臣曰此女潛放牝牡、使其夫追逐遠出、偷其隙而肆其慾、其巧計甚矣、小人之欺君行私、類是矣。

誦句增笑

湖西有一生、不文、常自謂吾於人事、無不若、而但文莫逾人、是可愧也、遂就能文者、謂之曰吾自少失學、長而無文、每發言、輒見笑、吾甚耻之、願今日受一文字、以自粧撰、能文者曰此不難、今後、人有笑汝者、汝輒曰古語不云乎、癡人多笑、鈍馬多鬉、士人心記其語、後赴一宴會、諸人笑之又如前、士人乃曰報恩大棗、二斗五升、報恩云者、癡人之訛、大棗云者、多笑之訛、鈍馬云者、誤以二斗之釋音說之、多鬉云者、誤以五升之釋音說之、在坐諸人、聞之益絕倒、又問於能文者曰勸人以酒、用何文字、能文者曰古詩云、有酒不到劉伶墳上土之句、君宜誦此、勸之也、其後、薄酒勸客、亡嫌其薄、不肯飲、生遽白古者、主簿宅言之、劉伶墳上土、以都令分土隻言之、都令即未娶者之稱、分土即履之俗名、聞者又胡盧不已而士人不知也、乃修然自得。

史臣曰癡人多笑、鈍馬多騣、酒不到劉伶墳上土、幾何句字、而不能傳誦、有此訛誤、其可笑也、甚矣、世之人、欲竊取人餘、以欺衆目、可得乎。

癡郎失穴

一癡生娶妻、委禽之夕、新婦入房、生於暗中捫摸女身、認胷爲背、以其兩乳、謂之兩瘻、且撫臀下、謂之無穴、郎怒氣勃勃、中夜還家、婦家大愕、問其故於其女、女素能於笑詩、書一絕曰花房燭滅篆香消、堪笑癡郎底事逃、眞境宜從山面得、枉尋山背太煩勞、婦家以其詩、送于郎父、父責子、果得當穴、樂而忘返、鄉隣語曰郎初失穴、號于中夜、郎復得穴、溺而不返。

女言滋味

村中有兩處女、私相曰吾兩人、先嫁者、當以其滋味相告、一女先嫁、未嫁女問之、答曰新郞以生肉、若熨斗柄者、揷吾溺穴、出而復入、及其數也、心神漸迷、骨節若融、其味難言也、未嫁女曰厥味、與越邊崔書房家、祭用油蜜果何如、曰油蜜果、味雖甘、開眼而食、厥味、令兩眼自閉、欲開未開、非油蜜果之比也。

母誑稚女

淳昌有一生、生一女、纔五歲、甚穎悟、一日夜、其父母以爲女已睡熟、方交歡、袵席有聲、女聞而恠之、呼其父母曰爲甚事、其父母愧之、潛移寢處、時窓月微明、女見其父陽物、翌朝問其母曰爺〻兩脚間、有懸物、此何物也、母以指叩其頭而笑曰其物、乃汝父之尾也、女信其爲尾、後於厩中、馬動其陽、仰低之、女急呼母曰吾爺〻之尾、何以懸於馬股間、母含笑曰彼則馬之尾、非汝父之尾也、若汝父之尾、如彼尾之大、吾何恨哉。

閼遏胥失

鄕中有一寡婦、率一婢、作農爲生、每貰牛耕田、隣居鰥夫、畜斑牛賣傭、寡女使婢懇求其牛、牛主、戲其婢曰汝與同歡一宵、當借之、婢笑而回報、寡女送婢同宿、及至講歡、牛主曰自納鳥至畢、惟以阿籠牛、於籠牛、兩言循次誦之、無間他辭然後、吾當借牛。汝可能之乎。蓋俗語以小斑、爲阿籠、大斑爲於籠、以其牛、色斑故、戲之也、婢曰諾、遂與行事、始則如其言、納時則曰阿籠牛、出時則曰於籠牛、至於興酣、疊呼於籠、ㄷㄷ、仍至閼ㄷ而畢、牛主曰始以兩言、循次爲約、而汝以於籠於籠疊言、又失疊言、而以閼閼終之、吾不可借牛、堅執不許、寡女聞而慨之、責其婢曰兩言無訛何難乃違其約、若不得牛、奈生理何、吾請自當、遂與牛主約、往試之、始交也、忍情猛省、作阿籠牛、於籠牛、千餘回、至雲雨方濃、亦疊呼阿籠、ㄷㄷ、終至閼ㄷ而畢、牛主又曰君亦違約、非但失次、以閼ㄷ終之、吾何以借牛、堅執不許。

土室環行

嶺南有軍士、立番于京、准朔還鄉、行到忠州、日已向黑、欲寄宿一村家、其家方設神祀、牢不納、軍士適見籬外、有廢棄土宇、暫入坐、小頃、有一女子、多以餅食魚果、暗投曰乭介叔、來否、軍士心認其有所私、乃低聲應曰來待久矣、女曰先喫此饒飢、且待之、軍士受而飽喫、仍念乭介叔者、若來則必不相容、仍屏息潛伏於土室一隅、果有一男來、細聲問曰娘出來乎、仍入坐獨語曰今夜將闌、何不出來、旣而其女、又到饋以路干果物。其人責之曰汝家神祀、酒饌必盛、所饋何其薄約、而出來又何遲也、女曰俄者、厚投酒肉魚果、今又饋之、何云薄且遲也、其人曰我纔到此、汝所與者誰也、相詰數語、其人曰此間必有他人、而汝誤認我、我當與汝共搜之、遂遍搜土窟中、軍士亦起而隨後、三人環回數次、而終不相遇、其男女遂與講歡、鷄鳴、其男先出、女欲隨出、而恐或人見、倚門覘外、軍士仍自後執之曰娘與私人期會、見捉於我、我當播於四隣、若聽吾言、當無言矣、女遂從之、軍士極歡而去。

兩吝相嘲

湖南之人、以竹爲業、雖一枝、未嘗妄斫、必待善價而售之、南陽人、以柿爲業、結實則計其數、晝夜守直、以取利、兩鄉人適相遇、湖南人、先戲南陽人曰似聞貴鄉人、柿熟時、欲薦新而不忍摘取、懸先世神主於柿木、使享之、有隣少乘曉見之、以爲白鳩、射中之、神主皆碎云、信否、南陽人答曰此則汝故做作、以辱我鄉人也、我聞湖南人善惜竹筍、筍之新抽也、乃掛神主於笋上、欲其久饗而飫飽、一宵之間、笋長數十尺、及朝見之則神主高懸於竹梢之上、欲取下之則竹滑難升、欲屈竹則恐其損折、不得已以嚆矢仰射、而墜之、主乃破傷、於是用弊馬蹄鐵、釘之後、試搖之不動則乃喜曰可、千年不勤、汝鄉人有如許舌習、而敢誣吾鄉爲、湖南人語塞。

負僧爲往

村中一處女、與隣漢私、女以藁束置僻處、令其漢隱其中、每夜女負來私之、有一僧知之、一日夜、先入藁束中、女負置房中、明燈覺之、乃僧也、女大驚曰僧也、僧高聲曰僧非僧耶、女恐他人聞之、低聲曰僧乎、速出、僧曰負來僧焉往、仍不出、女不得已强爲僧交、所謂負來僧焉往者、此也。

女請再屁

一僧路遇女人、欲奸而無策、從女後責之曰娘何放屁、女怒甚、必欲辨之、與僧俱往、僧乃至浮屠前僻處、狎之極淫、仍與偕還、女於回路、顧謂僧曰吾欲更放屁乎、僧笑而去

陰變爲陽

有京客作遠行、一夕投宿峽村、見主女貌美、男主從外治事、客潛有欲褻之意、周審其

房舍則上下二間隔以中防、不設障壁、至夜見主女臥于中防內、客以爲形勢甚便、欲俟更深而入、昏睡稍久、男主自外還、徙置其妻、而自臥於中防內、客睡覺、不知其換臥、以爲厥女尚在故處、轉至中防側、手撫臥者、ㄷㄷ亦拊其腕、作玩戲之態、客喜其悅已、挽其手、使捫其陽、其人以手握之、略不厭憚、客益喜之、欲捫其陰以挑之、其人已會客意、乃引客手、摩其腹、漸及脚間、客延臂而捫之、非陰也、乃壯陽也、客大驚悚、卽縮其手而起、急呼奴輩、促行欲發、男主止之曰此是山峽、素多惡獸、不可冒夜而行、奴輩不知其主之事、亦欲早發曰行中多有緣裝、(俗稱兵器、爲緣裝)何惡獸之可畏、男主曰別監乎、別監乎 勿矜緣裝、行次(俗語在下者、號尊者之行)緣裝、(俗語稱陽物、亦謂緣裝)吾已見之、不足畏也、客愧甚、促鞭而去。

授職好名

有鄕邑上番軍士、分差於宗廟門直、時守門部將、卽蔭官初附職者、宗廟令、亦蔭官也、宗廟官員、閑無事、常高枕閑眠、或作諸酒食而已、軍士心常歆羨、渠以鄕人、接主於閭閻、往來取食、其家無男丁、惟寡居主女、在內舍、使婢炊飯出供、一日軍士、告入趾出來、時已向晚、急於食代、(俗語立番軍士、相遞而食)到中門呼飯、婢適出他、軍士恐遲歸獲罪、直入中門、食床已排、而寡女寢于聽上、傍有盛膠之器、軍士取膠和水、潛塗於主女陰門 退坐聽下、而喫飯、未幾女睡覺、陰門水濕、軍士在前、意謂乘其睡潛奸、低聲問曰汝何深入、軍士曰時晚飢甚、唐突取食、幸恕之、女曰凶惡之事、汝何爲之、遂携手入房、恣意綢繆、自是接待之款、飲食之豐、百倍於前、軍士私心誇喜、拊其陽而口語曰爾八字正好、爾得官位、當以何官除授、宣傳華職、而汝不敢爲、武科獨眼、不可爲也、翰林淸選、而汝不敢爲、文科又是鄉族、不敢望也、吾觀南行部將、及宗廟令、受好祿、喫好饌、長日安閑、此誠好職、可授爾也、仍呼其陽曰部將乎、宗廟令乎、傍人有竊聽者、傳之、聞者折腰、其後爲部將、宗廟、者、儕流、輒以好八字譏之。

妻妾同房

奇自獻、嘗避寓閭巷、鰲城往見之、奇曰寓舍甚窄、同房苟簡、甚矣、鰲城歸題一詩、以寄曰不熱不寒二月天、一妻一妾正堪憐、鴛鴦枕上三頭並、翡翠衾中六臂連、開口笑時渾似品、側身寐處恰似川、纔然忽罷東邊夢、又被西邊打一拳、一時傳笑、稱其善形容。

戶長誇妻

宋判書言愼、性好色、自言平生、必欲滿千數、雖瘼母宿瘤、無所擇故、買女採婦、不敢入其洞、嘗按關東、巡抵原州興原倉時、公館灰於兵火、宿戶長家、俗以邑中首吏爲戶長戶長有少女公注意流眄、而女不應、是夜、公潛察其母女所臥處、女慧者也、亦知公注目之意、與母換臥、及夜深、公攬衣而入、押其母、母意謂盜、發聲、公掩其口曰我乃方伯、非盜也、其母惻感而應之、後戶長與隣人鬪、隣人叱曰汝人事如此、宜乎汝妻、爲方伯之所押、戶長曰我妻美故、方伯近之、若汝妻之醜惡、方伯必唾之、聞者拍掌。

五妙動心

鰲城少時、逢道人南宮斗、斗時年八十餘、顏貌不衰、若四十歲時人、鰲城問曰子年、幾九十、精力如嬰兒、用何方若是、願學其術、斗曰吾術甚易、惟有遠色、鰲城曰人生世間、所好者色、若不近色、雖壽若千歲何益、斗曰子言太過、鰲城曰若其花容綽約、蕙質濃艷、清歌妙舞、遏雲回雪、嬌辭婉語、琅若鳴玉、脂粉香澤、觸亂心鼻、芳宵綺席、嬿態極妍、有一於此、尙且牽情、況兼此五妙則雖廣平之鐵石心腸、安能不動乎、斗曰此五妙、皆閻王差使、而子不悟也、鰲城笑曰閻王宮中、豈無一女子乎、斗含笑。

十格傳術

有一士、常善狎婢、輒爲其妻所覺、士人欲秘跡、而未得其術、嘗語其老友曰乘夜奸婢、極有滋味、但爲妻所敗、是可悶也、老友曰自有妙法、君其試之、曰願聞之、老友曰奸婢、有十格、一曰餓虎貪肉格、生欲奸婢也、二曰白鷺窺魚格、延頸覘脫也、三曰老狐聽氷格、察妻着睡也、四曰寒蟬蛻殼格、抽身脫衾也、五曰靈猫弄鼠格、多般挑戲也、六曰蒼鷹搏雉格、捷疾卒狎也、七曰玉兎搗藥格、狀其溝歡也、八曰驪龍吐珠格、譬之泄精也、九曰吳牛喘月格、因勞急喉也、十曰老馬還家格、諱跡還寢也、士自後、復用是道、不復見敗、心竊幸之、因號其友曰十格先生。

水口羅星

古有一人、從師學習堪輿、一日夜、手撫妻鼻樑曰此發龍之所、又摸兩乳曰龍虎俱全、又撫腰下曰金星護穴、及上妻身、妻問曰爾來何幹、答曰結局已成、我把羅星、來塞水口、其父在隔房、誤聽之、以爲夫婦論山、高聲言曰世間若有此好穴、將我老骨頭、葬于那裡。聞者捧腹。

續禦眠楯跋

事可以警俗則美惡、可以記也、言足以諸理則精粗無擇也、庖丁賤技也、取爲養生之法、巫卜末業也、觀其有恒之心、庸可以鄙言巷論而不究夫感懲之意耶、昔者醉隱宋世琳、著禦眠楯、要使耽閑好事之輩、失意寂寞之徒、得以開卷破顏、忘其憂愁、可謂却睡之一奇方也、近有雙泉、成君、汝學、又裒醉隱之所未錄、撰成一卷、目之曰續禦眠楯、蓋亦雜取俚談鄙語、令人撫掌而發粲、自不覺睡魔之退去、其與醉隱之書、可相魯衛也、或謂所記、多涉瀆慢、無乃傷于德而費於辭乎、余曰不然、記云張而不弛、文武不爲也、詩曰善爲謔兮、不爲虐兮、成君此書、足令人有感有懲則奚止於遊戲諧謔之資而已哉、槩觀成君詩才之高、一世寡倫、而至今六十、未得一名之官、値世昏濁、遯迹荒野、托意孟浪之辭、以資消日之具、豈非文人之餘事、蒼蕢之技癢、餘獨嘉成君立意之原、且欲解或人之惑、志于卷末如右云、鶴谷洪瑞鳳題。

著者略傳

姜希孟 晉州後人字景醇號私淑齋又號無爲子世宗二十六年甲子「西紀一四四四年」生、官至二相壽六十

宋世琳 礪山後人字獻仲號醉隱燕山朝魁科官至校理善書畫

宋世珩 宋世琳之弟字獻叔號盤谷中宗二十三年戊子「西紀一五二八年」進士官至吏曹判書

鄭士龍 東萊後人字雲卿號湖陰成宗二十五年甲寅「西紀一四九四年」生、中宗四年己巳「西紀一五〇九年」文科、官至領中樞、壽八十、世祖朝名臣、以鄭蘭宗字顯名於後世者虛白堂鄭蘭宗之孫。

成汝學 昌寧後人高麗文臣昌山府院君成士達之七代孫而當時以文章巨儒、因無官職之籍、未得傳名於後世。

洪瑞鳳 南陽後人字輝世號鶴谷宣祖朝五年壬申「西紀一五七二年」生、宣祖朝二十七年甲午文科仁祖朝元年癸亥「西紀一六二三年」奉仁祖、正王位、靖社稷、累官至右議政。

刊行記

村談解頤、禦眠楯、續禦眠楯三篇은距今三百餘年前으로四百七十餘年前까지의間에서該時代名公巨儒의蒐輯撰成한것으로써累百年後今日에至하야篇次의漏缺된者가有할뿐不啻라禦眠楯은當初成編後 即爲印刊出世한者로서板本의傳來者는無하고다만寫本으로巷間에轉傳되여오든그것대로印刷에付하는바禦眠楯跋文所記에依하면總八十二欵이라하였으나現存分은二十二欵에不過하며前記禦眠楯에서所未錄한것을撰成一卷한雙泉成汝學所著續禦眠楯所錄三十二欵을合하야도總五十四欵에不過하며村談解頤난序文中에狂奴行謀 鼯鼠圖婚等外二三欵이序文中에난書記되였으나本文에殘記된것은다만四欵에不過한즉가고가고또가고하는동안에文獻의泯滅됨이不少한것을於斯에推測키不難한바이다。

今玆此三篇中著者의自序이던지又난其外人의序文과및跋文의辭意를閱讀하면滑稽 破睡의一時的消遣法으로만看破할것이아니라此로써可以修身齊家 勸善懲惡의殷鑑이될것이라는理論에依하고是非如何는讀者自量에一任하는바이다。

西紀一九四七年 四月 四日

宋申用識

六三